谷园 著

谷园讲通鉴

历史是平的

民主与建设出版社
· 北京 ·

© 民主与建设出版社，2022

图书在版编目 (CIP) 数据

历史是平的 / 谷园著 . -- 北京：民主与建设出版社，
2023.1
ISBN 978-7-5139-4069-6

Ⅰ . ①历… Ⅱ . ①谷… Ⅲ . ①中国历史—研究 Ⅳ . ① K207

中国版本图书馆 CIP 数据核字 (2022) 第 240846 号

历史是平的

LISHI SHI PING DE

著 者	谷 园
责任编辑	王 倩
封面设计	昇一设计
出版发行	民主与建设出版社有限责任公司
电 话	（010）59417747 59419778
社 址	北京市海淀区西三环中路 10 号望海楼 E 座 7 层
邮 编	100142
印 刷	三河市龙大印装有限公司
版 次	2023 年 1 月第 1 版
印 次	2023 年 3 月第 1 次印刷
开 本	710 毫米 ×1000 毫米 1/16
印 张	15.5
字 数	165 千字
书 号	ISBN 978-7-5139-4069-6
定 价	59.80 元

注：如有印、装质量问题，请与出版社联系。

目 录
contents

信仰篇

哲学篇

总论

中国历史到底讲了什么

中国历史书籍汗牛充栋，单正史就有《史记》《汉书》等二十四史和《尚书》《春秋左传》《国语》《战国策》《资治通鉴》以及宋、元、明、清史纪事本末等，总字数四五千万不止。再加上杂史、野史、史论、史料，更浩如烟海。那么，它们到底讲了什么呢？能否简要归纳一下？

曾国藩所谓：

肢体虽大，针灸不过数穴。

——曾国藩致胡林翼信札

中国历史的穴位是什么？

孟子所谓：

先立乎其大者，则其小者弗能夺也。

——《孟子·告子上》

凡学什么东西，都应先立一个大框架，才不会乱套。中国历史的大框架是什么？

这个问题若搞不清楚，以史为鉴便是空话，也谈不上读史明智。怎么办呢？我们先看一下大历史学家钱穆先生怎么说吧。他在《国史大纲》序言里说过：

"一部二十四史，从何说起？"今将为国史写一简单扼要而有系统之新本，首必感有此苦。

可见，他对于回答这个问题也颇为难。最终，他列出三条：政治制度、学术思想、社会经济，认为：

大体言之，历史事态，要不出此三者之外。

《国史大纲》所讲，大致即此三条的细化。

再看一下吕思勉先生怎么说吧。他在《中国通史》里说过：

马端临的《文献通考·序》，把历史上的事实分为两大类：一为理乱兴亡，一为典章经制。这种说法，颇可代表从前史学家的见解。

他赞成元代史学家马端临的说法，认为中国历史主要体现两点：一是理乱兴亡，二是典章经制。所以，他写《中国通史》就照着这两点写成了两部分：一部分串讲各朝代的兴亡历程；另一部分串讲族制、兵制、官制、刑法、文教等各种制度问题。

钱、吕两位先生所讲虽各有侧重，但大体不外乎政治制度、社会经济之类，他们认为这些是中国历史的要义所在，最值得研究探讨。对此，我作为一个"对本国已往历史怀有极大温情与敬意的人"（语出钱穆），实难苟同。因为时代不同了，我们看历史的视角、视野、关注点已经不一样了。

我画了一张示意图，这是一条时间的轴线，也是一条历史的轴线，其中有三个点：过去、现在、未来。立足"现在"，设想"未来"，回溯"过去"，得出一个"历史讲了什么"的答案，来解决这个现在的问题，实现那个设想的未来。这是我理解的历史研究法。

历史轴线

钱穆写《国史大纲》，他立足的"现在"是怎样的？设想的"未来"是怎样的？翻看一下《国史大纲》的最后两页就知道了。此处不便讲，也不必讲，汉景帝所谓：

食肉毋食马肝，未为不知味也。

——《汉书·儒林传》

对于"中国历史到底讲了什么"这个问题，身处不同时代的人有着不同的答案。钱穆、吕思勉在80年前给出的答案，有他们的历史局限性，不能解决现在的问题，而且，他们还都带着几分"致君行道"的意思。历史学家还能参与政治、参与顶层设计吗？恐怕不能了。总之，俱往矣，数风流人物，还看今朝。

再进一步讲，中国历史主要讲了两方面内容，承载着史家两大用意。

两方面内容即人生成败和国运兴衰，两大用意即传承经验和构建信仰。这就是中国历史的穴位，就是中国历史的大框架，就是一个面向普通老百姓的、具有现实关切意义的"中国历史到底讲了什么"的答案。

为什么说中国历史的两方面内容是人生成败和国运兴衰？这从二十四史的形式体例来看是很明显的。

二十四史中每一部史整体上都是写一个朝代，实质即一个国家政权兴衰的过程，也可以说是国运兴衰的过程。《汉书》写的是西汉的国运兴衰，《后汉书》写的是东汉的国运兴衰，《三国志》写的是魏、蜀、吴三国的国运兴衰，等等。把这些国运兴衰串联起来，就是上至黄帝，下至大明朝历史时期中国的国运兴衰。

中国历史两方面内容、两大用意

每一部史的具体内容又都是以纪传体为主，都是一个又一个历史人物的传记，如《史记》的《项羽本纪》《高祖本纪》《孔子世家》《陈涉世家》《陈丞相世家》《伯夷列传》《李将军列传》，等等。**每篇传记都是写这个人出身如何，做了什么事，怎么成功的，怎么失败的，怎么死的，无非人生成败。**

总之，中国历史讲的就是国运兴衰中的无数人生成败，或者说是无数人生成败里的国运兴衰。

在这两方面内容的背后，有一个"变"字，即司马迁所谓"通古今之变"的"变"。人生成了、败了，是变；国运兴了、衰了，也是变。只要把这个"变"字搞清楚，就可以以史为鉴、鉴往知来。那些变好的经验可以学习，那些变坏的经验要警惕。这就是司马迁著《史记》的一个用意，即传承经验。

另外，司马迁还要"究天人之际"，他要搞清楚在整个"古今之变"的过程中，在这些人生成败的过程中，在这个国运兴衰的过程中，人的因素占了多少，天的因素占了多少。怎么还有天的因素呢？这是个信仰问题。天人之际、天人合一，是中国古人信仰体系的基础。中国古人的道德、伦理、礼制、世界观、人生观，乃至整个文明，都是基于信仰的。在传承历史经验的基础上、在整个民族共同记忆的基础上构建信仰体系，这是中国历史的用意所在。

那么，中国历史传承了哪些重要的经验呢？构建的中国古人的信仰体系具体是怎样的呢？

接下来，将分成十六节讲：前十二节讲经验，后四节讲信仰。

第一节，一个典型的人生成败模式。选取一个先秦历史人物，讲一个典型的人生成败的模式，包括底层的上升通道问题。

第二节，怎样看待蹉跎掉的人生岁月。选取几个历史人物，讲怎样看待人生中那些无奈的被消磨掉的岁月，怎样把握成功的周期。

第三节，人生怎样做到知行合一。选取四个极有智慧的历史人物，以他们的人生悲剧，讲知行合一和人生定位的问题。

第四节，成功人生的捷径。讲我个人怎样取法于两个历史人物进行自我提升，做好人、做成事。

第五节，怎样看待生死。从介绍一个历史人物开始，反思生命的本质是什么。

以上几节都是关系人生成败的头等问题，我们将从历史中寻找答案。

第六节，历代国家灭亡的主要原因。讲关系国运兴衰的头等大事。

第七节，怎样在多方博弈中取胜。历史上所有的战争都呈现出多方博弈的格局，要么合纵，要么连横，这是决定成败的关键，其中有什么历史经验呢？

第八节，怎样变法图强。通过制度的优化，实现富国强兵，是避免战争和赢得战争的根本保证，历史上那些著名的变法都是怎么做的？

第九节，成功君主的共同特点。国家兴衰由人、成败由人，怎样管好人、用好人，历史大有为之君主都是怎么做的？

从第六节到第九节是讲一朝一国的国运兴衰，接下来的三节讲整个中国古代历史的兴衰大势。

第十节，怎样跳出治乱循环。整个中国古代历史呈现了"治乱循环"的周期率，怎样跳出这种循环？

第十一节，民族融合的历史启示。如果说，治乱循环的阴面是生灵涂炭，那么，它的阳面就是民族融合，怎样顺应这个趋势？

第十二节，怎样避免世界毁于战争。如果说，人类的未来没有毁于战争，那么，人类的未来将走向何方，中华文化的未来是怎样的？

接下来，分四节讲解历史所构建的中国古人的信仰。

第十三节，一只蚂蚁的生命有什么意义。中国古人的根本信仰不是神，而是一种利他的生命价值观。

第十四节，天人合一的奥妙。讲中国古人的信仰框架。

信仰三层次

第十五节，司马迁的天命观。讲中国古人的信仰的内在逻辑。

第十六节，怎样让内心保持恬静愉悦。讲中国古人的信仰对人生实践的影响。

乐天知命图

　　本书的最后，是对中国历史哲学的思考总结，希望能"明体达用"。

经验篇

一个典型的人生成败模式

　　读一部史书，首先让人印象深刻的常是人物故事，是什么人干了什么事，什么人干成了什么事，什么人干坏了什么事。故事都有代入感，我们会发现某个历史人物的故事与自己的经历有相通之处。**历史人物的人生成败经验会成为一种参照，给人启发**。这正是我读史书的切入点。

　　我给《谷园讲通鉴》系列写的序言，标题用的是**意大利历史学家克罗齐的名言"历史是生活的老师"，历史可以教会我们生活，教会我们怎样过好这一生。它就像一个汇集了无数人生成败经验的大题库**。上学时有"题海战术"，尤其是数学题、几何题，做的题足够多，什么题型都见过，考试就比较有把握。正所谓，阳光之下，并无新事。

　　我们已经经历的和将要经历的所有问题，历史上的人们基本都遇到过。他们当时是怎么做成的、怎么搞砸的，成的经验、败的教训都清清楚楚地被记录了下来。我们只要看过这个"大题库"，再看自己的问题就比较清楚了，心里就能有点数了，所谓"读史可以明智"，就是这个意思。

接下来，我们就从历史这个"大题库"中，选出几个人物来，看看他们的人生成败经验能给我们带来怎样的启发。

首先要讲的这个人，是秦始皇的黄金搭档——李斯。

李斯起初跟我一样，也是一个社会底层的"小公务员"，是上蔡县的一个小吏，朝九晚五，过着平凡的日子，怀揣着伟大的梦想，晃晃悠悠地一年又一年。直到有一天，也是平常得不能再平常的日子，早上，李斯在如厕时看到一群老鼠，它们一见到李斯，"嗖"地就跑走了。

李斯也没在意，这挺正常，司空见惯。上班后，他要去当地的粮食储备库检查粮仓。管粮仓的人员把门一开，李斯一脚迈进去："哎呀，这是什么？"

他发现粮仓里面有好几个东西在动。仔细一看，原来是几只肥头大耳的老鼠，都像兔子似的那么大，正在那儿吃粮食。看见李斯进来了，这群老鼠竟然都不害怕——粮仓里很少有人来，所以它们不怕人，甚至还瞪了李斯两眼。

这一下子，李斯受了刺激。回家之后就睡不着觉了，一宿翻来覆去，琢磨这些"粮仓老鼠"和"厕所老鼠"。最后，他得出一个结论：

人之贤不肖譬如鼠矣，在所自处耳！

——《史记·李斯列传》

李斯琢磨，人其实跟这些老鼠是一模一样的，决定你层次的，不仅仅在于你本身的才能、才华，更在于你所待的地方、所处的环境。待在厕所里的，担惊受怕；待在粮仓里的，养尊处优。

李斯痛下决心：不行，我也得去找自己的"粮仓"！

第二天，他就辞掉了"小公务员"的工作，辞别了家人，离开了上蔡这个小地方，去找他的"粮仓"了。

可是，那个"粮仓"不是谁想去就能去的，尤其你本来就在底层，在"厕所"里。怎么办呢？怎样才能从"厕所"跳到"粮仓"里去呢？需要一把梯子，需要提升自己，然后才能够得着"粮仓"的门。

怎么提升自己呢？拜师！

拜哪个师呢？得拜最好的老师。

谁是当时最好的老师呢？荀子。

为什么说荀子是当时最好的老师呢？当时的情况不好说，不过，从后来的情况看，荀子绝对是一代宗师，他在儒家的地位仅次于孔子和孟子。他的三个学生，除了李斯后来做了秦国丞相之外，另外两位也都非常有成就：一位是韩非子，法家的集大成者，秦始皇都是他的"粉丝"；另一位是张苍，是后来西汉的著名丞相。正所谓，名师出高徒。出了这些高徒，足见老师荀子有多厉害。

我估计，当时荀子收学生的门槛挺高的，可能比现在名校的门槛还要高，李斯是怎样成功地拜了荀子为老师呢？是程门立雪，还是送了一大笔束脩，还是考试得了高分？史书没写。反正，拜师，这非常关键的一步，他搞定了。

然后，他要向荀子学什么呢？选择什么专业呢？学会计专业吗？当然不是，估计荀子也教不了会计。李斯向他学习"最顶层"的专业：

学帝王之术。

——《史记·李斯列传》

这是"最顶层"的"粮仓"里的游戏规则和生存技能，大致算是政治学吧。

李斯跟荀子学了几年"帝王之术"，学成了。然后，他要奔哪个"粮仓"去呢？去找哪个帝王呢？他本是楚国人，去找楚王最方便，可是，他分析了一番：

度楚王不足事，而六国皆弱，无可为建功者，欲西入秦。

——《史记·李斯列传》

他认为楚王等东方六国的国君都不行，跟着他们没有前途，不能建功立业。只有秦王最合适。他决定去找秦王。

临走前，他跟荀子辞行。他哭了——我估计，他哭着说：

诟莫大于卑贱，而悲莫甚于穷困。

——《史记·李斯列传》

"老师啊，人生最大的耻辱莫过于卑贱，人生最大的悲哀莫过于穷困。我已经受够了，受够了做'厕所老鼠'的生活，我要去秦国，去实现做'粮仓老鼠'的梦想。"

接下来，李斯到了秦国。他能见到秦王吗？秦王是那么好见的吗？当然不是，那怎么办呢？李斯还需要一个梯子，需要一块跳板。找谁做跳板呢？找吕不韦。吕不韦是当时秦国的丞相。见丞相相对容易一些，李斯没费多大劲儿，就投到了吕不韦的麾下。

随后，就需要好好工作了，领导的眼睛是雪亮的，手下人谁在认真工作，谁干得好，谁干得差，领导肯定看得到。于是，李斯很快便得到了吕不韦的赏识。

> 不韦贤之，任以为郎。
>
> ——《史记·李斯列传》

吕不韦把他推荐给了秦王，做秦王嬴政身边的"郎官""秘书"。

吕不韦不但是丞相，还被秦王嬴政尊为"亚父"，有他给做背书，当李斯站到嬴政面前时，可以说，已经自带光环了。所以，即便此前李斯能够直接见到嬴政，也不如这样绕一下。

有句俗话：无媒不成亲。当年商鞅到秦国见秦孝公时，也是先找了一个中间人——秦孝公的嬖臣景监。后来，西汉的主父偃见汉武帝，也是先找了中间人——卫青。

当李斯站到秦王面前时，意味着他终于一脚迈进了"最顶层"的"粮仓"的大门。他立即把所学的帝王之术展示出来，向秦王献计：您只要……就可以实现"灭诸侯，成帝业，为天下一统"的梦想。

秦王大悦：好，封官！

乃拜斯为长史，听其计。

——《史记·李斯列传》

当即给了李斯一个不错的官职，并且采纳了李斯给他的建议，调整战略部署，攻打六国的效果显著增强。

于是，秦王又给李斯升官。

秦王拜斯为客卿。

——《史记·李斯列传》

李斯成为秦国的高官，终于完成了从"厕所老鼠"向"粮仓老鼠"的跨越。

那么，接下来，李斯是不是就能安安稳稳地做一辈子"粮仓老鼠"了呢？不是。他还要面临挑战。不久后，秦国发生了轰动一时的郑国渠间谍案。一个叫郑国的韩国人来到秦国做间谍，忽悠秦国修建大型水利工程郑国渠，以此占用秦国大量的人力、物力、财力，从而减缓对韩国的攻打。

最后，郑国的企图暴露了。虽然，从后来的历史看，这个大型水利工程对秦国长期发展非常有利，修此工程可谓"磨刀不误砍柴工"，不过，在当时则引发了秦王对"外国人"的警觉和敌视。于是，下达逐客令，所有"外国人"都得限期离开秦国。

李斯是楚国人，也在被驱逐之列。怎么办呢？好不容易成了"粮仓老鼠"，还要被打回原形回"厕所"吗？这时，他想到了《周易·坎》里的一句话：

习坎。君子以常德行，习教事。

——《周易·坎》

意思是，当你遇到困难时，不要慌乱，要"常德行"，要稳住，要"习教事"，要把以前所学的知识、技能都调动起来，发挥出来，来应对困难和挑战。于是，李斯沉下心来，施展平生所学，写了一篇长长的《谏逐客书》呈给秦王。大致是说：秦王，您不能驱逐外国人。不但不能驱逐，还得积极引进外来人才，整合全天下的人才资源，才能成就您一统天下的帝王大业。

我这样用大白话讲出来没什么文学性。李斯的原文，其文学性、哲理性都大有可观，绝对是先秦散文的高峰。鲁迅先生曾评价：

秦之文章，李斯一人而已。

——《汉文学史纲要》

秦王看了这篇《谏逐客书》后幡然醒悟，不逐客了。对李斯也更加欣赏，更加重用，将其升为廷尉。

最终，李斯辅佐秦王嬴政一统天下。然后，他做了丞相，帮助秦王嬴政实行了郡县制及"书同文、车同轨"等一系列改革。

其中，"书同文"是统一文字为小篆。小篆这种字体，就是李斯领导着一班人确定下来的。他亲自书写了这种字体的范本《仓颉篇》，可惜没能流传下来，不过，他写的三块碑刻《峄山刻石》《会稽刻石》《泰山刻石》都传了下来，都是后人学习篆书、篆刻所必学的。可见，他还是个大书法家！

他既有权势，又有才华，家庭氛围也好，孩子们都很有出息，是真正的人生赢家。

诸男皆尚秦公主，女悉嫁秦诸公子。

——《史记·李斯列传》

儿子们本身都是高官，娶的也都是公主，女儿们嫁的都是皇子。有一次，大儿子李由从三川郡郡守的任上请假回家省亲，李斯举行家宴，还请了几位同事来家里一起热闹热闹。结果，满朝文武竟都不请自来，且都带着礼物。

门廷车骑以千数。

——《史记·李斯列传》

一下子来了好几千人，门口的车数以千计，这是何等场面。

李斯一开始挺高兴，可高兴着高兴着，心里就一紧。他跟身边的家人感叹：哎呀，当年我的老师荀子跟我说过一句话：

物禁大盛。

——《史记·李斯列传》

什么东西都不能太盛啊！我现在已经富贵至极，接下来肯定得盛极而衰了。这可怎么办呢？唉，没办法，没办法，只能走着看吧！

几年之后，秦始皇在巡游途中驾崩，李斯和赵高篡改遗诏，拥立了秦二世胡亥。然后，他的好日子就到头了。李斯被赵高算计，最终被秦二世处死，夷三族。临死时，他对身边的二儿子说：

吾欲与若复牵黄犬俱出上蔡东门逐狡兔，岂可得乎？

——《史记·李斯列传》

"还记得你小时候，咱们在老家上蔡，虽然穷，但是我经常带着你们出了东城门，牵着老黄狗去野地里追兔子玩吗？那时多快乐啊！回不去了！"

李斯的一生，是一个典型的具有普遍意义的人生成败的模式。今天，我们绝大多数人都能有所借鉴。特别是底层的青年，就得努力地走出去，就得努力地向上爬，就得努力地考尽量好的大学，就得努力地加入最强的团队，就得努力地从"厕所老鼠"变成"粮仓老鼠"，努力跻身更高的平台。孟子所谓：

虽有智慧，不如乘势。

——《孟子·公孙丑上》

我们都需要一个更高的平台，给自己一个势！

这个故事，还给我一种鼓舞——有些看上去"高大上"的自带光环的人，无非只是一群"粮仓老鼠"，无非仗着他们的平台高，实际没什么了不起，他们不一定比咱更有才华，甚至就像初中课本里《曹刿论战》中讲的：

肉食者鄙，未能远谋。

——《左传·庄公十年》

那些"粮仓老鼠"有那么好的资源，拿着各种待遇、支持，可是像《资治通鉴》、二十四史的大众化解读与传播，像"中国历史到底讲了什么"这么重要的有意义的课题，他们都不做，还得咱来做。所以，如果你跟我一样，身处底层，千万不要小看了自己。

或者，你已经变成了"粮仓老鼠"，那么，也要想想李斯的"物禁大盛"和他的结局。这就像《周易》中的乾卦，在第五爻"飞龙在天"——人生达到了高峰之后，接下来常常是最后一爻的"亢龙有悔"。这是需要警醒的。不过，对我们多数人来讲，这一辈子很难达到这个高度。我们还是更应借鉴李斯从底层奋斗而起，改变命运的人生成功经验。其中，尤其要记住两点：

第一点：学习改变命运。

第二点：成功靠自己努力，靠自己争取，在人不在天。

也许你会说：我学习很努力，工作很努力，为什么我的命运还是没有多大改变，我的成功还遥遥无期呢？

这个问题，下节再说。

怎样看待蹉跎掉的人生岁月

　　本节接着讲中国历史里的人生成败经验，这次主要讲六位历史人物。

　　第一位历史人物是公孙弘。他也跟李斯一样，是社会底层出身的。《汉书》之所以比《后汉书》更精彩，西汉史之所以比东汉史好看，一个很重要的原因就是西汉的大人物多数都是底层出身的，而东汉的大人物多数都是西汉的大人物的后代。公孙弘是西汉菑川国薛县人。最早，他也是个"小公务员"，有份吃不太饱也饿不着的收入，每天晃来晃去的。然后，干了几年，因为一些小事情被开除了。

　　他没有什么手艺，也不会经商，为了养家糊口只好买了几头猪。

　　牧豕海上。

　　——《史记·平津侯主父列传》

公孙弘便开始以在海边放猪为生，一放就是若干年。

他是个肯动脑筋又挺勤奋的人。按松下幸之助的话说，这样的人去做保洁员，也一定能开一家保洁公司。公孙弘后来就从放猪倌干成了"养猪公司的老板"，过上了比较体面的生活，赢得了人们的尊重。然后，如《周易·小畜》所讲：

小畜。君子以懿文德。

——《周易·小畜》

当一个人小有积蓄了，类似有中产阶层的感觉了，便应当修文德，提高文化修养，读一读书，写一写字，学一学琴棋书画，这样才能跻身上流社会。于是，已经四十多岁的公孙弘开始读书，研究学问。

年四十余，乃学春秋杂说。

——《史记·平津侯主父列传》

公孙弘的大好青春都已在为了生存、生活的挣扎中蹉跎过去了，四十多岁才开始做学问，他还能做得成吗？他竟做成了。到了他六十岁那年，汉武帝即位，要广招天下文学贤良之士，他就被当地官府举荐到了朝廷。

然后，要对策。在同一批与汉武帝对策的学者中，以董仲舒最为著名，他对策所论"天人三策"大得汉武帝的欣赏，"罢黜百家，独尊儒术"由此发轫。公孙弘的对策，也得到了汉武帝的认同，于是被留在朝中，成了一名五经博士。这比后世的金榜题名中进士进翰林院还要"高级"。朝为田舍郎，暮登天子堂。从一个小地方的放猪倌，一跃成了天子近臣，成了"粮仓老鼠"。

然后，公孙弘的"粮仓老鼠"也没做稳，因为出使匈奴时表现欠佳，他又被"开"回了老家。他似乎也没感觉可惜，毕竟已经花甲之年，在家里含饴弄孙，享受天伦之乐，了此一生也挺好。

就这样，又过了十年，已经古稀之年的公孙弘身体依然硬朗，适逢汉武帝又诏举文学贤良之士，当地官府又把他举荐到了朝廷。这一次，公孙弘终于"开挂"了，一路平步青云，快八十岁时竟然做到了宰相，位极人臣！而且在汉武帝手下历任的十三四个宰相中，他的成就最高，"罢黜百家，独尊儒术"的很多具体政策，都是由他来实施推进的。而且，他还是汉武帝手下少数得以善终的宰相之一。

公孙弘的故事，给我的最大启发是，要正确看待那些人生中被蹉跎掉的青春岁月。

公孙弘在四十多岁时才走上学而优则仕的道路，这才是他实现人生价值的正道。而我在三十多岁才开始着手做大众国学方面的工作，我相信，这才是我实现人生价值的工作。

这里要插一句，在讲这些历史人物的人生成败经验时，为了更好地理解，我会有很多现身说法。孔子讲：

古之学者为己。

——《论语·宪问》

读书首要的目的是改进自身。

子夏所谓:

切问而近思,仁在其中矣。

——《论语·子张》

朱熹所谓:**虚心涵泳,切己体察。**

读书是一个与古人对话的过程,是一个不断以古人作为参照进行自我反省改进的过程。曾国藩也讲过,读书要体贴到身上去。所以,我讲到的这些历史人物的经验,多是针对自身的各种问题,有自负,有自卑,有自恋,也有狭隘的地方,我把它们袒露出来,供读者参考。

我是在三十三岁才写了第一本书——《吃透曾国藩》,才算正式走上这条传播国学的道路。走这条路的人有很多是科班出身,他们在大学本科、硕士、博士就学这个,既有名师指点,又有学术环境的熏陶。而我在他们那个年纪,还只是一个普通的乡镇企业站的工作人员,副业做网站,业余看看书,写点儿小文章,连个文艺青年都算不上,满脑子里想的都是怎样养家糊口,跟那些科班出身的人实在没法比。

那么,像我起步这么晚,在这条路上还能不能做出些名堂,脱颖而出呢?

公孙弘对我是一个激励。从他身上,我看到,起步不在早晚,早起步未必能成,晚起步未必不能成。**正所谓,大器晚成。那些看似蹉跎掉的青春岁月,可能都是人生的必由之路**,是我独特的人生体验,是对学问独特的滋养,是那些早早地走上这条路的人们所没有的。

从公孙弘身上，我还得到一点启发——靠学问来实现人生的成功，必定要经历很漫长的过程。如果把入仕为官作为一个成功的标志，那么，公孙弘是到了六七十岁才走到这一步。与他同时期并被写在《史记》同一卷里的主父偃，也是五六十岁时才站到了汉武帝的面前。本节要讲的第二位历史人物——东汉桓荣——也是这样的。

桓荣也是读了一辈子书，教了一辈子书，直到六十多岁，才被征辟到丞相府。随后，以博士的身份，做了刘秀的太子刘庄的老师，干了九年，七十多岁时，正式被封为太子少傅。当时，他被赏赐了车、马、金银财宝等很多好东西，他把这些都拉回了家里，和印绶一起摆在院里。他把学生们都叫来，指着这一大堆宝贝说：孩子们，是不是觉得平日读古书很苦？今天叫你们来，就是让你们看看！

今日所蒙，稽古之力也，可不勉哉！

——《后汉书·桓荣列传》

"老师我能有今天，靠什么？还不就是靠着读古书。看看这些东西，你们还觉得苦吗？能不努力吗？"

后来，桓荣又做了太常，位列九卿，还被尊为"五更"，封关内侯，食邑五千户，等等。他去世时，汉明帝刘庄亲自为他穿孝送葬。他的儿子桓郁、孙子桓焉也都是大儒，祖孙三人做了东汉五任皇帝的老师。《后汉书》中还记载了中间一段小情节。有一天，老同乡桓元卿来访，一进桓荣的府门，就跟刘姥姥进了大观园一样，啧啧感叹：哇！真是大富贵啊！哎呀，想当年……

在座有一个很早便追随桓荣的学生，跟桓元卿也熟，他就把话抢了过来：想当年怎么样啊？想当年，天下大乱，老师带着我们，虽忍饥挨饿，仍讲诵不息。有一次，您还笑话我们老师说：

但自苦气力，何时复施用乎？

——《后汉书·桓荣列传》

"你们省点力气吧！别讲了！你们读这些书，哪辈子能用得上？"

"您老还记得不？"

桓元卿赧颜道：

我农家子，岂意学之为利若是哉！

——《后汉书·桓荣列传》

"我只是个种地的大老粗，哪知道做学问的人生都是倒吃甘蔗——节节甜啊。"

看看公孙弘，再看看桓荣，我心里踏实多了。咱还很年轻嘛，不必着急，做学问这条路还长着呢，踏踏实实，稳稳当当，不急不躁，一年一年地坚持下去，早晚会成功的！

陆游有两句名诗：

纸上得来终觉浅，绝知此事要躬行。

——陆游《冬夜读书示子聿》

很有哲理。其实，这首诗的头两句更有哲理：

古人学问无遗力，少壮工夫老始成。

——陆游《冬夜读书示子聿》

做学问，自古华山一条道，就得一辈子努力，从年轻就下大功夫，努力、努力、努力，一辈子努力，到老了才能有一点点成果、成就。

还有一点，公孙弘活到了八十岁，桓荣活到了八十多岁，本节要讲的第三位历史人物，也是活到了八十多岁，这在当时都算很高寿的。

这第三位，就是苏武。

我们都知道苏武牧羊的故事。他出使匈奴，威武不屈，被放逐到西伯利亚贝加尔湖边放羊，说要等公羊生下羊羔才能回来。这一放，就是十九年！直到汉昭帝时期，汉朝跟匈奴关系缓和，苏武才被接回长安。这时，他正好六十岁。

始以强壮出，及还，须发尽白。

——《汉书·苏武传》

去时是四十岁的壮年，回时已是白发苍苍的老人。为了尽忠国家，他承受了十九年的苦难。而且，那十九年正值壮年，是最可能有所作为的岁月，就这么蹉跎过去了。然后，在接下来的岁月里，苏武风光无限，他得到了朝廷的大力封赏、优待，还被汉宣帝画入了麒麟阁，享此殊荣的大臣只有十一位。最终，他以八十多岁的高寿善终。更重要的是，他流芳百世了，以立德而不朽！

从苏武的人生经验里，我们能有什么启发呢？我想，它似乎说明了一个道理：我们不要为了那些蹉跎掉的岁月而抱怨，也不必担心接下来的时间不够用，只要你能坚持，命运会把那些蹉跎掉的岁月补偿给你。

一说"命运"，便成了信仰问题，这方面，后面再讲。

接下来要讲的第四位和第五位历史人物分别是杜甫和徐渭。

杜甫，被誉为"诗圣"，他是写诗的圣人，他的才华和艺术成就是一千年才能出一位的——两千年能出两位，另一位是李白。可是，杜甫这辈子过得怎么样呢？不怎么样。他虽然也算是"粮仓老鼠"，在皇帝面前晃悠过，也有过小官职，但整体上，他这辈子比"厕所老鼠"过得还惨。

关于他的人生经历，《资治通鉴》只字未提，《新唐书》《旧唐书》里倒是有传，也不过几百字。《新唐书》引用了他给皇帝的一段上书，他自称：

> 七岁属辞，且四十年，然衣不盖体，常寄食于人，窃恐转死沟壑。
>
> ——《新唐书·杜甫传》

就是说，他在四十七岁前一直很穷，穷到经常"衣不盖体"，经常"寄食于人"，就像他的诗里讲的：

> 朝扣富儿门，暮随肥马尘。残杯与冷炙，到处潜悲辛。
>
> ——杜甫《奉赠韦左丞丈二十二韵》

他完全就是个要饭的啊！跟在富人屁股后面，吃"肥马尘"，吃尾气，人家吃肉，给他剩两块骨头。就这样，还"窃恐转死沟壑"，不知道哪天吃不着了，就得饿死。

然后，正赶上"安史之乱"，尽管他自己没饿死，却饿死了好几个孩子。《旧唐书》说他：

> 儿女饿殍者数人。
>
> ——《旧唐书·杜甫传》

他有一句最著名的诗：

> 朱门酒肉臭，路有冻死骨。
>
> ——《自京赴奉先县咏怀五百字》

与这句在同一首诗里的，还有几句：

> 老妻寄异县，十口隔风雪。
> 谁能久不顾，庶往共饥渴。
> 入门闻号啕，幼子饥已卒。
> 吾宁舍一哀，里巷亦呜咽。
> 所愧为人父，无食致夭折。
>
> ——《自京赴奉先县咏怀五百字》

他自己一个人在外面要饭挣钱，但也没弄到什么。然后，在一个风雪交加的夜晚回到家里，一进院门就听到家人都在大哭——小儿子饿死了！他也跟着哭，旁边邻居家听了，也跟着哭。"所愧为人父，无食致夭折"——我这个父亲是怎么当的啊？竟然一口饭都挣不回来，把孩子活活给饿死！

最后，杜甫活到了五十九岁。他是怎么死的呢？《新唐书》里是这样写的：这年，他在离开成都回河南老家的路上，经过湖南耒阳县，这里挨着南岳衡山，他到山里面玩，去看南岳祠，结果出事了。

大水遽至，涉旬不得食。县令具舟迎之，乃得还。令尝馈牛炙白酒，大醉，一昔卒，年五十九。

——《新唐书·杜甫传》

意思是，突然下起了大雨，山洪暴发，杜甫被困在山中十多天回不来。幸好，当地县令十分仰慕他，亲自乘船把他救了出来。然后请已经饿得半死的杜甫饱餐了一通，"馈牛炙白酒"。结果，当天夜里杜甫就死了。大致就是撑死了。

《旧唐书》也是说，杜甫是这样死的。

啖牛肉白酒，一夕而卒于耒阳。

——《旧唐书·杜甫传》

实际就是饿死的，如果没有前面的饿，多吃一点也不会有问题。

杜甫的诗篇涵养哺育了很多人，给中华文化作出了巨大的贡献，可就是这么伟大的人物，一辈子岁月蹉跎，没过过几天好日子，命运也没补偿给他高寿，也没补偿给他富贵，就这么结束了。

他的儿子过得也不怎么样，直到他的孙子辈，才把他的尸骨从湖南接回河南老家安葬。

再说徐渭。

现在很多人都把徐渭比作中国的梵高，因为，他和梵高都是天才画家，都是活着的时候没有名气，死后若干年才有了大名气。可是，在我看来，在很多热爱中国艺术的人看来，梵高怎么能跟徐渭比？

单就绘画来说，徐渭是开宗立派的大家。他的大写意花鸟画在中国美术史上可算空前绝后，后世著名的"扬州八怪"和吴昌硕、齐白石等都受他影响。郑板桥和齐白石甚至说过愿做"青藤门下走狗"，青藤是徐渭的号，他们都恨不得做徐渭家里的一条狗，那样就可以天天瞅着他画画，跟着他学，他们对徐渭的崇拜已经到这样的程度了。

当然，梵高画的是油画，他对后世油画的影响如何，我也不了解。拿油画和国画比，水平高低也很难讲，有点像关公战秦琼。但是，梵高只是画画，是以画画为生命的人。而徐渭呢？他几乎是不拿画画当回事的。《明史》记载：

尝自言："吾书第一，诗次之，文次之，画又次之。"

——《明史·徐渭传》

他自认为，他的书法是最好的，其次是诗写得好，再次是文章写得好，最次才是画画。

他的诗和文章，我不懂，书法我懂一点儿，徐渭的行草可谓是

"前无古人，后无来者"。我猜想，即便站在"书圣"王羲之的面前，他也会一脸不屑，笑傲自若。

除了书画、诗文之外，徐渭在戏剧史上的地位也很高。另外，他还是一个军事家，《明史》记载：

渭知兵，好奇计，宗宪擒徐海，诱王直，皆预其谋。

——《明史·徐渭传》

意思是，明代著名抗倭将领胡宗宪能够抓住倭寇的两大首领徐海和王直，都是靠着作为幕僚的徐渭贡献的计谋。

所以说，梵高怎么能跟徐渭比？

可就是这么了不起的人物，对中华文化作出了这么巨大贡献的人物，好日子并没过多久。严嵩倒台后，胡宗宪受牵累被抓，徐渭可能受了刺激，精神出现了问题，人生急转直下，因为误杀继妻险被杀头，坐了好几年牢，才被朋友营救出来。中间还自杀了九次，还拿锥子扎耳朵，竟都没有死掉。

徐渭活到了七十多岁，临死时，穷得床上连个被子都没有。

生前，他画的画那么好，却很少有人买。他那幅著名的《墨葡萄图》上题着一首诗：

半生落魄已成翁，独立书斋啸晚风。笔底明珠无处卖，闲抛闲掷野藤中。

——徐渭《题墨葡萄诗》

笔底明珠啊！那么好的画，无人问津，都随手扔了。

他死后，要不是大名士袁宏道无意间读到他的诗，很可能他就彻底被湮没在历史的风尘里了。是袁宏道写了一篇《徐文长传》，他才被世人所知，才入了明史。在《徐文长传》里，袁宏道说，他最早是在书店里看过一本北杂剧《四声猿》。

意气豪达，与近时书生所演传奇绝异，题曰"天池生"，疑为元人作。

——《徐文长传》

袁宏道感觉《四声猿》写得太好了，以为是元人所写。所谓唐诗宋词元曲，元人的戏曲是高峰。看作者署名"天池生"，也不知道是个怎样的人。

有一次，袁宏道到浙江，看到朋友家墙上挂着一幅字画，落款"田水月"，也不知道是什么人，可写得、画得太好了。

强心铁骨，与夫一种磊块不平之气，字画之中，宛宛可见。

——《徐文长传》

让人感觉很惊讶，怎么能画得这么好？

晚上，袁宏道到这个朋友家的楼上看藏书，随手抽出一本破书来。

恶楮毛书，烟煤败黑，微有字形。

——《徐文长传》

是一本破得都看不出字来的书。勉强就着灯看。哦，是本诗集。

读未数首，不觉惊跃。

——《徐文长传》

看了没几首，袁宏道大惊，一下子跳了起来，大喊朋友：你快过来！快过来！这是谁写的？是今人，还是古人？

朋友说：哦，这是我们当地一位老先生写的，他叫徐渭，自号田水月、天池生、青藤道人，等等。

袁宏道惊呆了，原来自己之前惊叹的那些东西，都是这一个人写的。他赶紧拉朋友一起细读。

两人跃起，灯影下，读复叫，叫复读，僮仆睡者皆惊起。

——《徐文长传》

再后面，还会讲到司马迁。司马迁的才华和为中华文明作出的贡献更了不起。而且，他倾尽心力所著的《史记》，生前还不敢公开，如果不是因为他有一个颇有能耐的外孙杨恽将《史记》公之于世，没准就失传了。那样，他很可能也淹没在历史的风尘里了。

这是一个什么问题呢？这是对人类社会的一种讽刺，这体现了人类社会运行的一种荒诞性——那些最该得到这个社会尊重的人，经常是过得最惨的。

在百度搜索"谷园"，会看到相关搜索里有一条"谷园讲通鉴为什么不火？"的记录。这说明，不少人都有这个疑问：《谷园讲通鉴》讲正史讲得那么生动，而且坚持了好几年，平台也会推荐，应该火啊。网上那么多乱七八糟的东西，也没见怎么着就火了，

《谷园讲通鉴》为什么不火？他们想百度一下找找答案，就留下了这个相关搜索。

我也希望火。火了，受关注了，各种资源就都来了，这个节目会做得更好看。火不了，就得这么熬着，什么东西都将就，没准哪天就坚持不下去了。怎么办？看看历史，看看杜甫，看看徐渭，看看司马迁，心情便好多了，就很知足了。

虽然，自以为《谷园讲通鉴》把中国历史和国学经典系统地视频化、通俗化，这是可以传世的，这个工作没人干，我来干，也是给中华文明的传承发展作贡献。但比起这些人物，我的才华、才能、贡献实在差得太远了，而这个社会回报给我的，比他们又强太多了，书能出版有版税，家庭幸福美满。所以，一辈子不火，也无所谓，我会尽力坚持做下去。

另外，我们想一下，与杜甫、徐渭属同时期的肯定也有风光无限的人，或高官，或巨富，或名士，等等，他们谁的声名可以比得上杜甫和徐渭在后世的声名？正所谓，尔曹身与名俱灭，不废江河万古流。

那么，声名有意义吗？这也是个信仰的问题，后面再说。

或者，没有声名又如何？《淮南子》所谓：

兰生幽谷，不为莫服而不芳。

——《淮南子·说山训》

有没有人欣赏，那是别人的事；有没有人歌唱，那是自己的事。

再说两句。为什么杜甫、徐渭这么有才华，却过得这么惨呢？说到底，是因为他们没有在科举中中进士，功名到手方论文章。

最后，再补充一个历史人物——春秋时期的晋文公重耳。他曾在国外流亡了十九年，蹉跎蹭蹬，六十一岁才当上国君，然后，短短几年便带领晋国成为霸主。对此，《左传》认为，正因为有那十九年的经历，"险阻艰难，备尝之矣；民之情伪，尽知之矣"，他才有了后来的卓越表现。

司马迁还给了我另一番启发，下节再说。

┃人生怎样做到知行合一┃

继续讲中国历史里的人生成败经验，本节主要讲四位历史人物。
第一位历史人物是司马迁。

诟莫大于宫刑。

——司马迁《报任安书》

司马迁中年时被处以宫刑，宫刑不单是对身体的巨大戕害，更
是对人格的极大侮辱，是奇耻大辱！他何以遭此大劫、蒙此大辱？
是因为他为投降匈奴的李陵讲情。他为什么要为李陵讲情呢？按他
随后在《报任安书》里写的，大致有两方面原因：

一方面，他算是李陵的"粉丝"，对李陵很敬佩，坚信李陵不
会真的投降匈奴。

另一方面，他也揣摩了汉武帝的心思——李陵是汉武帝的宠
臣，汉武帝从心底里不愿意相信李陵投降，可大臣们都众口一词
地骂李陵，这让汉武帝很难堪。于是，他就想顺着汉武帝的心思说
两句。

欲以广主上之意，塞睚眦之辞。

——司马迁《报任安书》

我把《报任安书》认真看了几篇，感觉他说的第一个方面不是主要的，因为他讲过：

夫仆与李陵俱居门下，素非能相善也。趣舍异路，未尝衔杯酒，接殷勤之余欢。

——司马迁《报任安书》

就是说，他跟李陵"素非能相善"，连一般朋友都算不上，从来都没在一起吃过一顿饭。可以说，他们不是一路人，没交情。而且，从后面他自己被投入大牢，没有朋友来救助他的情况看，司马迁跟其他人的交往也是比较少的。

为什么呢？因为他是个大学者，作为太史令，夜里要观天象，白天要看古书，哪有那么多时间去交际。而且，作为这样的大学者，他会真心去崇拜一个身边的同事吗？所谓，近处无风景，身边无伟人。总之，我认为，他之所以要为李陵讲情，主要的想法还是"欲以广主上之意"，是想讨好汉武帝。

但他根本不了解汉武帝，根本没有揣摩透汉武帝的心思，就贸然地讲了一通，既没有帮上李陵，又把自己给害了。他的历史智慧在哪儿呢？他写的《史记》是中国历史智慧的集大成之作，那么多历史人物的生死成败他都了然于心，诸子百家的思想都了如指掌，号称"究天人之际，通古今之变"，得是多有智慧的人啊！可他却犯了这样的低级错误。那些历史智慧呢？怎么一点用也没有？随后，班固在《汉书·司马迁传》的最后，也为之感慨：

> 以迁之博物洽闻，而不能以知自全，……夫唯《大雅》"既明且哲，能保其身"，难矣哉！
>
> ——《汉书·司马迁传》

大意是，你司马迁那么有学问，知道那么多，怎么就不知道明哲保身呢？怎么就不能过好这一生呢？这不是很讽刺吗？唉！我班固可不要像你这样。

班固是本节要讲的第二位历史人物。作为《汉书》的作者，他也是宗师级的人物，与司马迁齐名，后世以"班马"并称。甚至，《汉书》在很多方面超越了《史记》。他的历史智慧当然也了不得。可是，他最后怎样了呢？他还不如司马迁呢！司马迁只是被施以宫刑，毕竟命保住了，而且后面还有时间把《史记》写完。班固则是在六十一岁时，被一个小县令抓进大牢活活打死。怎么回事？史书是这样说的：

> 固不教学诸子，诸子多不遵法度，吏人苦之。
>
> ——《后汉书·班彪列传下》

就是说，他教育孩子很失败，几个儿子都为非作歹，当地的官吏也不敢管，因为他是大外戚窦宪面前的"大红人"。当时，汉和帝只有十几岁，窦宪作为皇太后的哥哥，把持朝政，俨然摄政王，一手遮天，而且为人狠鸷。班固投其门下，深得器重，很有势力，所以他的儿子们便十分张狂，甚至连家奴也很张狂。

有一次，他家有一个家奴喝醉了，在大街上骑着马，"醉驾"，跟洛阳令种兢的车撞在一块。种兢手下就要上前执法，"开罚单"，这个家奴竟然破口大骂："你们知道老子是谁吗？你这个小县令还想不想混了？快滚开……"他怒骂一通，扬长而去。

种兢敢怒不敢言，他畏惧窦宪，不敢拿班固如何，只好忍着，暗自发誓：君子报仇十年不晚！结果，连一年都没等到，窦宪就倒台了。汉和帝突然亮剑，在太监郑众等人的帮助下，把窦宪一举灭之。种兢立即把班固作为窦宪的党羽抓入大牢，严刑拷打，活活打死。

很明显，造成班固这个悲剧结局的，无外乎两方面原因。

一方面是，家教不严，教子无方。从家奴的表现，可见他家人有多骄狂。而骄狂致败，绝对是最基本的一条历史经验。**国君骄狂则亡国，个人骄狂则亡身**。对此，班固应当比谁都清楚。

另一方面是，他没跟对人。从历史的经验来看，像窦宪这样专权的大外戚是极少有好结果的。班固作为一个史学家，似乎没有意识到这一点。还不如当时一个叫李郃的小官吏。此前，窦宪娶妻，办婚礼，各地的太守都派人来送礼。汉中太守也准备了礼物要派人往洛阳送，李郃劝谏：依卑职看，还是别送，像窦宪这么作威作福，马上就得出事儿。

不修礼德，而专权骄恣，危亡之祸可翘足而待。

——《后汉书·方术列传上》

"您还是跟他划清界限为好，省得被他牵累。"

汉中太守一拨拉脑袋：开什么玩笑？别人都送，我不送，我这个官还怎么当啊？等不到他出事儿，我就得出事儿！你歇着吧，这礼必须送。

李郃看劝不住，便说：好吧，送就送吧，请派我去吧。

太守答应。

李郃带着礼物上路了，路上故意磨磨蹭蹭，走走停停，能多拖一天就多拖一天。结果，还没到洛阳，就听说窦宪倒台了。那些给窦宪送了礼的太守们都被免了官，唯独汉中太守没事。

你看，班固是不是白写了一部《汉书》？到了真事上，比这位小官吏都差得远。自己跟错了人，家人骄狂，最终惨死。

随后，南朝范晔在《后汉书·班彪列传下》的最后，也为之感慨：

固伤迁博物洽闻，不能以智免极刑；然亦身陷大戮，智及之而不能守之，呜呼！古人所以致论于目睫也！

——《后汉书·班彪列传下》

大意是，班固啊，此前你感叹司马迁博物洽闻却不能明哲保身、免于极刑，现在轮到你自己，照样有大才识、大学问，却仍不能明哲保身，死于非命。这真是有智慧却不能把智慧用在自己身上，就像人的眼睛，什么地方都看得见，唯独看不见自己的睫毛。唉！可惜，可惜，我范晔可不要像你们这样。

范晔就是本节要讲的第三位历史人物。他也是史学家，才华较之司马迁、班固可能稍逊一筹，但除了"班马"之外，能比得上他的史学家实在数不出几个人来。东汉灭亡后的二百多年，写东汉史的大有人在，唯独他写的这一部成为权威，成为公认的继《史记》《汉书》之后的第三部权威史书，即《后汉书》。

《后汉书》长于记言，论赞极佳，对于东汉历史人物的人生成败，范晔在传尾皆有品评高论，就像点评班固似的。可见，他对于人生、对于历史有极深切的思考。然而，就在他给班固写完这篇传，发完这通论赞感慨之后，没过多久，他自己同样被关进大牢，死于非命。他还不如班固呢！班固起码活到了六十一岁，已是老年，而他只活到了四十七岁，而且，他的三个儿子也被株连处死。

这是怎么回事呢？对此，《宋书》卷六十九中写得很详细，简直成了一个千年笑话，这里就不细讲了，大致来讲，他本是高官，享受荣华富贵，却被一个叫孔熙先的野心家蛊惑，参与了一场谋反，要推翻皇帝，拥立皇帝的弟弟。其间，他竟然还亲笔写了一篇宣告书。这是怕将来人家拿不到他谋反的证据吗？随后，就有人告他谋反。皇帝派人审他，他不承认，说：

古人云："左手据天下之图，右手刿其喉，愚夫不为。"

——《宋书》卷六十九

意思是，我范晔是研究历史的，是有学问的人，古人讲的，左手给你整个天下，右手让你割喉自杀，有人干吗？傻子也不干啊！我日子过得好好的，怎么可能谋反？《中庸》不也讲：

君子居易以俟命，小人行险以徼幸。

——《中庸》

我是君子，是士大夫，怎么可能做这种有巨大风险的蠢事呢？你们肯定搞错了。

结果，人家把他写的那篇宣告书拿出来：你看看吧，这是你写的吧？是你的笔体吧？这是多明显的罪证啊。就你这脑子，你还写史书呢？这么低级的错误你都犯！

范晔不能抵赖了。随后，皇帝没有立即处死他，而是先关起来审问案情。他竟然还幻想能被赦免。总之，范晔的历史智慧放到他自己身上，完全是白瞎了。

最后要说的这位历史人物也很了不起，他就是汉武帝时期的淮南王刘安。刘安与司马迁、班固、范晔一样，也是编著了一部不朽的著作——《淮南子》。这是公认的道家智慧的集大成之作。道家出于史官，道家智慧都可以说是历史智慧。

《淮南子》总结整理了大量的历史智慧、人生智慧，无与伦比，《谷园讲通鉴》视频节目里专门讲过几段。能完成这样的大作，刘安自然也是"博物洽闻"。可是，他最终的结果如何呢？比以上三位更惨。他自己不但被逼自杀，儿子们被株连，而且他的妻儿老小和上千门客下属都被杀掉了。

这又是因为什么呢？他们研究、思考、做学问、求智慧，图什么？如果他们只是为了追求不朽，那么，他们真的做到了，以立言而不朽。可是，在追求不朽的同时，他们定然也希望以智慧赢得现实人生的幸福吧？结果却是这样的！这就像《庄子》里的一个成语

"挟策亡羊"，你天天挟着书看，长学问，长智慧，可是你放的羊都跑了。

思想上的巨人往往是行动上的矮子。正所谓：

能行之者未必能言，能言之者未必能行。

——《史记·孙子吴起列传》

立言的人把精力都放在了书斋里，哪有多少实践历练。只在心上知，没有事上磨，是白搭的！用王阳明的话讲：

人须在事上磨，方立得住。

——《传习录》

光靠读书得来的所谓智慧，是靠不住的。陆游所谓，纸上得来终觉浅。

王阳明有一个最著名的说法：知行合一。怎样才能做到"知行合一"呢？读者可能会说：刚才不是说了吗？既得心上知，又得事上磨，理论结合实践，就能知行合一。

这样讲，似乎有点想当然了。在我接触过的人里面，在一定程度上做到了知行合一的人，信誉楼的创始人张洪瑞老先生算是一个。信誉楼现在有三万多名员工，而张老先生的住处要多简朴有多简朴，一点装修都没有。七十多岁的人了，从未讲究过所谓的物质享受，此前多少年甚至跟普通员工一样住在宿舍楼里。在这个物欲横流的时代，他能够超拔出来，大致做到了富贵不能淫，知行合一。

　　我曾向他请教过一个关于人生的问题，他稍想了一下，说："我没有你懂得那么多，我也说不好。"我立即感受到，这不是一句谦虚的话，而是一句劝诫的话。我明白了一个道理：知行合一的前提是不能知道得太多。知道那么多，怎么去行？只有知道得少，才可能知行合一。用《道德经》的话讲，就是：

　　　知者不博，博者不知。

　　　　　　　　　　　　　　　　　——《道德经》第八十一章

　　　少则得，多则惑。

　　　　　　　　　　　　　　　　　——《道德经》第二十二章

　　用儒家的话讲，就是：守约。

　　真正切于人生的大智慧，只是在人生的磨砺中悟出那么几句话而已。再多，便都是泡沫，都是文人的笔墨文章，都是纸上谈兵。

　　由此，我得出一条切于自身的人生经验：既然我也算是一个研究历史的人，那么，我必须认识到自己的局限，知行难一，要划定自己的人生边界，夹着尾巴老老实实做一个立言的人。我要认清自己只是一个著作之材，这辈子老老实实写书就行了，千万不要有别的想法。

　　是的，这是一个关于人生定位的问题。关于怎样实现全面的自我提升，下节来讲。

成功人生的捷径

前面讲了十来位历史人物，他们的人生成败经验带给我的启发都是针对某一方面的，对我的人生具有全面指导意义的历史人物是孔子和曾国藩。他们教给我的人生智慧涵盖方方面面，涉及工作、生活、学习等无数问题和细节，其中很多都被我写在了《人生四书》《简易经》《吃透曾国藩》《拙诚》等书里。

为什么能从他们身上学到那么多呢？首先是因为他们传世的言传身教的文献资料太多了。关于孔子的，除了《论语》《孔子家语》《史记·孔子世家》记载的大量资料之外，他编订的"六经"也包含很多相关信息。

曾国藩的信息量更大，不要说别人对他的记载，单说他自己的家书、日记、书信、诗文、奏折等就有上千万字。其中几乎要什么有什么，他的人生观、世界观、方法论，怎么齐家，怎么教育孩子，怎么识人、用人，怎么交友，怎么做官，怎么与同僚相处，怎么带兵打仗，怎么读书，怎么写字，怎么作诗写文章，怎么做学问，等等，应有尽有，而且都是极具高度，极具实操性的。这些内容，我在《拙诚》里已经讲过很多了，这里想进一步说明的一点是：**曾国藩所有思想智慧最主要的来源是孔子**。

　　曾国藩的思想是兼容并包的，一生三变，先是儒家的，后是法家的，最后是道家的，晚年他甚至说，自己要以"老庄为体，禹墨为用"，好像要把儒家给扬弃掉。实际上，在骨子里，他还是彻头彻尾的儒教徒，是孔子的信徒。他最标志性的"拙诚"思想，主要源于孔子讲的：

　　无欲速，无见小利。欲速，则不达；见小利，则大事不成。

——《论语·子路》

　　就是要下笨功夫，不求快，不走捷径，不占便宜，这是拙的方面，算是形而下的；诚的方面，算是形而上的，正所谓"至诚通神"。孟子讲：

　　诚者，天之道也；思诚者，人之道也。至诚而不动者，未之有也。

——《孟子·离娄上》

　　《中庸》讲：

　　诚者，天之道也；诚之者，人之道也。诚者不勉而中，不思而得，从容中道，圣人也。诚之者，择善而固执之者也。

——《中庸》

　　《大学》讲：诚意。**诚，是儒门心法，是一代代大儒对孔子精**

义的把握。

我在《拙诚》里讲过，曾国藩三十一岁时第一次拜见大儒唐鉴，请教读书之法和检身之要。唐鉴便讲了一通。曾国藩听后，"昭然若发蒙也"。在我看来，他们的这次会谈，就是一次儒门的心法传授。而这个心法的关键便是闲邪存诚。还是这个诚字！曾国藩"拙诚"的"诚"即由此而来。

这种所谓的"心法传授"，光看书是学不来的，必须面对面地口传心授，要不怎么叫"心法"呢。由此可见找对老师的重要性。所以，曾国藩有句名言：

凡做好人、做好官、做名将，俱要有好师、好友、好榜样。

有一次，他老家的孩子们要请家庭教师，他也是写信嘱咐：

请师乃第一要紧事。

曾国藩本人是很幸运的，他能够考中进士，跻身顶级的圈子，自然就能遇到良师、益友。然后，师友携持，如蓬生麻中，不扶自直，长进非常快。可是，很多人身处底层，也没有上过名校，哪里遇得到良师、益友？

身边都是庸常之人，所谓"染于苍则苍，染于黄则黄"，怎样才能自拔于流俗呢？没关系，还有一条路，就是找榜样。如果没有良师、益友，还可以找一个好榜样；有良师、益友，也要找一个好榜样。

什么叫好榜样？好榜样就是一个你可以在心灵上、人格上模仿、学习、对标的对象。他是一个人生的范本——就像学书法要找一个临摹的范本，做人也要有一个人生的范本。或者，用古人的说法，就是要找到一个私淑的对象。孟子讲：

予未得为孔子徒也，予私淑诸人也。

——《孟子·离娄下》

大意是，孔老夫子啊，您走得太早了，您走后一百年我才出生，我也不能拜您为师得到心法传授，太可惜了。不过，我要私淑您，在心里把您作为老师，作为榜样去学习。

那么，孟子是怎样向孔子学习的呢？这个他倒没有很明确地讲。他明确讲过的是怎么向比孔子还要厉害的人物学习，也就是尧舜——古代的圣王尧帝和舜帝。

尧舜可以说是孔子思想的源头，也可以说是孔子心目中的榜样，后人评孔子的学说为"祖述尧舜，宪章文武"。

善学者，学其所学。孟子是善学之人，当然会追溯孔子思想的源头，当然也要学尧舜。当时跟孟子接触的人都发现他有个特点：

言必称尧舜。

——《孟子·滕文公上》

孟子张口闭口都是：尧舜……咱们也得……

有人不以为然：拉倒吧，人家尧舜是什么人，咱是什么人，能相提并论吗？有参照意义吗？

孟子一翻白眼：尧舜是什么人？

何以异于人哉？尧舜与人同耳。

——《孟子·离娄下》

"尧舜是圣人，这不错，不过，圣人也是人啊。"

服尧之服，诵尧之言，行尧之行，是尧而已矣。

——《孟子·告子下》

人皆可以为尧舜。

——《孟子·告子下》

"要我说，咱们只要把尧舜作为榜样，尧舜怎么信仰咱就怎么信仰；尧舜怎么说话咱就怎么说话；尧舜怎么做事咱就怎么做事。亦步亦趋地坚持效法学习，咱们都有可能成为尧舜那样的人。"

藏传佛教也有类似的说法，他们认为，修行者应当从前世诸佛里找到一位"本尊"，然后努力地让自己的身、口、意都与"本尊"的身、口、意达成一致，就像孟子讲的"服尧之服，诵尧之言，行尧之行"，这样就容易精进成佛。

那么，孟子成为尧舜那样的人了吗？这不好说，尧舜是古代帝王，有德有位；孟子一生做学问，有德无位。单从德的方面讲，孟子做到了。他也成为跟尧舜、孔子一样的圣人，被后世尊为"亚圣"。

什么叫圣人呢？孟子也给过一个定义：

规矩，方圆之至也；圣人，人伦之至也。

——《孟子·离娄上》

圣人就是一个人格的标准，是可以作为万世师表的榜样的人，可以被后人私淑效法的人。孟子成了这样的人，曾国藩就是私淑他的。在曾国藩三十二岁时的一篇日记里这样写着：

> 早起，高诵"养气章"，似有所会，愿终身私淑孟子。虽造次颠沛，皆有孟夫子在前，须臾不离，或到死之日可以仰希万一。
>
> ——曾国藩道光二十二年十月初五日记

曾国藩说到做到，确实在临死前不久还领着儿子、外甥们一起学《孟子》。

后面，又有很多人私淑曾国藩，其中就包括大学者梁启超。梁启超从曾国藩传世文字中抄出了二百多条对他深有启发的话，编成一本学习笔记，取名《曾文正公嘉言钞》。然后，他在这本嘉言钞的序言里讲：孟子说人皆可以为尧舜，这个，我不敢说；但要说，人皆可以成为曾国藩这样的人，我相信是没有问题的。

后来，梁启超给清华学子开过一个国学必读的书单，完全套用了曾国藩开给下属李希庵的书单。可不要小看这个书单，看一个人的学问，看他的知识结构，不是看他发表过多少论文，也不是看他的学位、职称，而是看他开列的书单。他认为最重要的书，决定了他的学问。**梁启超的学问底子是私淑曾国藩而得来的。**

再后面，相信又有很多优秀学者是私淑梁启超的。

那么，往前倒，孔子私淑谁呢？刚才说，孔子"祖述尧舜，宪章文武"，他的思想源头在尧帝、舜帝和周文王、周武王，这些圣王都是他取法的对象。不过，他真正在心灵上对标的那个人，还不是这几位，而是周公。《论语》中记载了孔子晚年的一声叹息：

甚矣，吾衰也！久矣吾不复梦见周公。

——《论语·述而》

意思是：哎呀，我是真老了，我怎么很长时间都没梦见周公了呢。

言下之意是，此前他经常梦见周公。

周公是什么人？周公是周王朝礼乐文化的奠基人，是制礼作乐的人。

孔子是什么人？孔子是重修礼乐的人。春秋后期礼崩乐坏，诸侯混战，世风日下，百姓遭难，孔子毕生的理想抱负就是重建周公的这套礼乐文化制度，使天下恢复和谐有序。他能做到吗？他肯定也有过动摇与怀疑，在这个过程中，他一次又一次地梦见周公。这叫什么？这叫**日思夜想，寤寐求之，至诚通神**。我也曾梦见曾国藩，与他讨论天命与《挺经》，这种体验给人一种强大的激励。

至此，我想我已经表达清楚了这条历史的人生成功的经验，就是**要找一个人生范本，找一个好榜样，找一个私淑的对象。就像梁启超私淑曾国藩，曾国藩私淑孟子，孟子私淑孔子，孔子私淑周公。**当然，你不一定要选这几位，也可以找其他人物。当你选定他之后，就开始吧，服他之服，诵他之言，行他之行，日思夜想，寤寐求之，至诚通神。要梦见他！

我还没能梦见过孔子，他给我的影响较之曾国藩似乎更宏观。比如，他讲：

吾十有五而志于学，三十而立，四十而不惑，五十而知天命，六十而耳顺，七十而从心所欲，不逾矩。

——《论语·为政》

这就是一个人生的框架。大多数中国人都会不由自主地跟他对标，受他影响，多是从二十八九岁开始焦虑："三十而立"，我立了吗？

然后，到四十岁时自问：我不惑了吗？

五十岁时自省：我知天命了吗？

我对这个框架思考得较多。首先，"十有五而志于学"。立志很关键，本节讲的找人生范本、找榜样、找私淑，本质上都是在讲立志——立志成为一个怎样的人。**梁启超评曾国藩：其一生得力在立志**。曾国藩的立志确实让人印象深刻，他在二十岁时给自己起了个号"涤生"，取义于《了凡四训》讲的**"从前种种，譬如昨日死；从后种种，譬如今日生"**，立志要脱胎换骨，做一个新人。三十几岁时，他跟弟弟们讲：

士人读书，第一要有志。千言万语，莫先于立志。

四十岁时，他写下著名的励志联：

不为圣贤，便为禽兽；莫问收获，只问耕耘。

这联语太耐琢磨了。

历代以来，所有底层崛起的大人物，不论文武，他们的共同特点都是立志，他们都胸怀大志。比如陈胜讲：燕雀安知鸿鹄之志！王侯将相宁有种乎！我也行！

项羽第一次看到秦始皇巡游的车队，就忍不住喊了一嗓子：彼可取而代之！

刘邦在咸阳第一次看到秦始皇出游，就感叹：大丈夫当如此！

韩信当年穷得连母亲的葬礼都办不了，却非要选一块特别开阔的地方做坟地，"令其旁可置万家"。意思是，我将来要当万户侯，这一大片地方都得是我家的，我娘先给我占上！

孔子是有志于"学"的，早早地在十五岁时就立志走大学之路。然后，这条路究竟怎么走？还要面对环境和命运的诸多挑战，必然有弯路要走，有彷徨，有迷茫，有动摇，终于"三十而立"——三十岁，要选定方向，明确志向，不能再变动了。当然，未必正好三十岁。我是在三十三岁时才开始做现在的大众国学传播的工作的。然后，"四十而不惑"——四十岁时，我画了两张图：

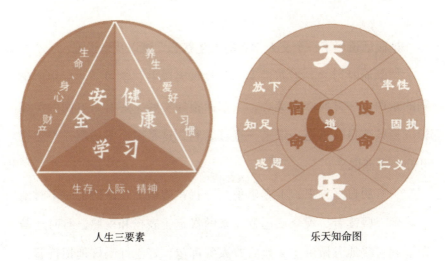

人生三要素　　　　　　　　　乐天知命图

从这两张图中，我感觉我已经懂得了"五十而知天命"的意思，只是在实践上还差一些。具体什么意思，后面再细说。

然后，站在四十岁，想象"六十而耳顺"。耳顺是什么？简单讲就是，别人说我什么，我都能听，好话也能听，坏话也能听，择其善者而从之，其不善者而改之，不喜不怒。这太难了！良言一句三冬暖，恶语伤人六月寒。人都太在意别人的评价了，因为人都太在意自己了。**只有做到无我，才能耳顺。无我而有我，才能"从心所欲，不逾矩"**。我在《人生四书》里解读过这段话，孔子的根本意思是想说：生命是一个不断精进走向永恒的过程。

这似乎又有点形而上了。再看他的另一段话——《论语》开篇的那段话：

学而时习之，不亦说乎？有朋自远方来，不亦乐乎？人不知而不愠，不亦君子乎？

——《论语·学而》

这段话道尽了一个文人学者的人生状态。就以我来说吧：

"学而时习之，不亦说乎。"我每天读书、学习，然后用所学到的东西，一方面修养身心，一方面指导实践，还有一方面融汇编辑成视频节目、书籍，带来一点点名利，这是多么幸运啊，当然很开心，不亦说乎？

"有朋自远方来，不亦乐乎？"我在微信上、微博上时不时地会收到一些读者、观众从远方发来的肯定、表扬和祝愿，有时还被邀请到一些地方做讲座，差旅费人家都包，好吃好喝好地招待着，还有讲课费，还能顺便看看山水风景、博物馆，不亦乐乎？

最妙的是最后一句，"人不知而不愠，不亦君子乎？"文人其实常不受人待见。首先，文人自己就不待见文人。顾炎武是文人，却说"一为文人，便无足观"。还有一个说法，"百无一用是书生"。

我切身体会，中国古书读多了，想不酸，很难。因为满脑子都是所谓的圣贤思想还有帝王将相，与实际底层的生活环境是挺错位的，很容易成为一个"异类"。于是，文人便常有怀才不遇的感觉。"怎么没人欣赏我呢？"怎么办？想想孔夫子这句话——人家不欣赏你，你也不恼，才算君子。这肯定也是孔夫子自道，他也是这样来自我安慰的。他甚至更难受，他说过：

知我者其天乎！

——《论语·宪问》

除了上天理解他，没人能理解他。

李白也是这感觉，他的那句自我安慰的诗最著名也最潇洒：

古来圣贤皆寂寞，惟有饮者留其名。

——李白《将进酒》

没人待见我，那就对了，圣贤都这样，都是孤独的。孤独不好受，怎么办？喝酒呗。所以，我现在每天也喝酒。只喝一点，少喝一点为健康。

孔子教给我的还有《论语》压卷的一句话：

不知命，无以为君子也。不知礼，无以立也。不知言，无以知
人也。

——《论语·尧曰》

知命、知礼、知言，是儒家的三大柱石。知命讲的是信仰；知
礼讲的是实践；知言讲的是智慧。要说这些，那可就太多了，就此
打住。下节讲历史经验中关于生死的问题。

怎样看待生死

　　前面几节讲的历史人物，李斯、司马迁、公孙弘、班固、杜甫、徐渭等都属于文人，呈现的是文人的人生经验。没讲过武将。为什么呢？因为我自己是文人，所以关注文人比较多。上节讲到，文人不受待见，百无一用是书生。不过，也有一种说法：

　　莫笑书生无用处，文人自有笔如刀。

　　文人的笔——毛笔虽然很柔软，可它跟刀一样！所谓：

　　七寸湘妃管，三分玉兔毫，落在文人手，胜如斩将刀。

　　文人的笔也是可以杀人的，正所谓"杀人不见血"。还有一个说法：

　　莫笑书生无眼力，与君终局试论棋。

　　意思是，不要笑话文人是书呆子，得到最后再看，看是你厉害，还是书呆子厉害。"最后"是什么时候？可能十年，也可能百年、千年。就像著名小说《孽海花》中写的：

　　君相的斧钺，威行百年；文人的笔墨，威行千年。

　　比如孔子的笔墨，绝对威行千年。与他同时的"君相的斧钺"，也就是国君、宰相的威力，不过在位的十年八年、十几年，甚至几十年有，不在位时也就没有了。而孔子生前虽不受人待见，可在他去世后的两千年，他的每句话几乎都有法典式的效力。

另外，像司马迁、班固、范晔等文人，作为著史者，他们有点儿像画师毛延寿——王昭君挺漂亮，可是给你添两笔、减两笔，便成了另一副模样。也就是说，一旦你成为一个历史人物，你的是非生死，便都由这班文人的笔头来定了。

本节先来讲一位武将——西汉著名的飞将军李广。《谷园讲通鉴》第77回讲过李广之死，当时是西汉对匈奴的一次大决战——漠北之战，大将军卫青率领霍去病等大军取得了巨大胜利，而武功盖世的李广竟然领着一支大军迷路了，贻误了战机。

在这种情况下卫青还是给李广留着面子，不想直接责难李广。可是，李广不能装糊涂，看着卫青派来的人约谈他的部下，他给拦下说：不用找他们，都是我自己的责任，我跟你们去大将军府交代情况。

于是，他带着几个部下，来到卫青的幕府。幕府这边便安排人询问情况录口供。这时，李广的情绪低到了极点，他跟部下讲：弟兄们，我李广从青年打到现在，跟匈奴打了大小七十余战，一次也没碰上过匈奴单于，这次终于有机会了，又弄成这样，岂非天哉？既然我命该如此，我已六十多岁了，何必再受一回面对刀笔之吏的耻辱呢？弟兄们，来世再见吧！

说完，便引刀自刭。

广军士大夫一军皆哭。百姓闻之，知与不知，无老壮皆为垂涕。

——《史记·李将军列传》

有句话叫，戏台下掉泪，替古人担忧。可我读史至此，实在禁不住不掉泪。悲剧啊！鲁迅说："悲剧就是把美好的东西毁灭给人看。"这话还是太泛泛，我要说，真正的悲剧是把英雄毁灭给人看。一代名将，就这样自杀了。全天下的老百姓，都为他哭泣。

这次漠北之战给了匈奴几乎致命的打击。

是后匈奴远遁，而幕南无王庭。

——《史记·匈奴列传》

此战之后，匈奴不敢再来大漠以南了。而西汉同样付出了沉痛的代价，《史记》载：

两军之出塞，塞阅官及私马凡十四万匹，而复入塞者不满三万匹。

——《史记·卫将军骠骑列传》

出塞的时候，战马总共十四万匹，回来的时候，不到三万匹，死掉十万多匹战马。死的人恐怕也得十万以上。这实在是一个更大的悲剧，比李广个人的悲剧要巨大得多，但是，它很难让人掉泪，很难让我们有强烈的悲伤感。这让我想起一个小段子：

当年美国总统小布什发动了伊拉克战争，有一次，他开记者发布会讲：女士们、先生们，各位记者朋友们，我现在宣布一件事。我们决定要杀掉一百万伊拉克人，还有一个修自行车的。

马上有记者举手问：为什么要杀那个修自行车的呢？总统先生，您能解释一下吗？

小布什转身对国务卿鲍威尔说：看到了吧？我说过，根本没人关心那一百万伊拉克人的死活。

这就是大众心理！我们更关心典型的个案。或者，从信息传递的角度来讲，史书里李广的信息量要远大于那场战争中死掉的十万人，提到那十万人的只不过一两句话而已，而讲李广的故事则是从头到尾，所以，这两者对我们心理产生的刺激和影响是大不一样的。

进一步讲，这里面可能包含着深刻的哲学甚至物理学的意义。现代物理学科普片《宇宙的构造》提到一种观点："我们在现实世界所经历的一切，这个三维世界，只不过是类似于全息影像的一种幻象。而绝对真实的现实，其实存在于宇宙表面的二维世界中。"

对此，我理解，生命的本质也许只是宇宙间的一段代码。而文字是这种代码的一种形式。我们通过史书里关于李广的那些文字代码，在脑海里把他想象并还原成一个三维立体的历史人物。而这种想象本身，可能也是宇宙程序的一部分。

连我们自己，脑袋、胳膊、手、脸，整个肉身可能也是一段代码，就像科幻电影《异次元骇客》展现的那样。电影中的男主角活了半辈子，才发现自己其实只是一个游戏中的人物，他的世界是有边界的。这部电影让我们思考的问题是：你能证明自己不是一个虚拟的人吗？不是一段代码吗？

科幻电影《黑客帝国》表达的主题也差不多，电影中的那些人所感知到的整个世界，包括视觉的、嗅觉的、味觉的、触觉的，其实都是无数传感器直接传递给大脑的虚拟感受，完全是虚拟的世界。这部电影让我们思考的问题就是：你能证明你感知的世界是真实的吗？

有的人活着，他已经死了；有的人死了，他还活着。

《兰亭序》里也有句话，读来让人更加痛切：

后之视今，亦犹今之视昔，悲夫！

今天，我们对这些早已死去的历史人物谈论一番、感慨一番，若干年后，也会有一帮人像这样来谈论我们。悲夫！

会吗？未必。我们绝大多数人都只能跟漠北之战中死去的那十万人一样，两句话就交代完了。或者像戏台上演的，一支马鞭，两个举牌子跑龙套的，千军万马便都在里面了。悲夫！

怎么对待这个问题呢？或者说，这是一个什么问题呢？这是一个信仰的问题，是人生最根本的问题。中国历史怎么回答这个问题，我们放到最后的"信仰篇"再作讨论。

最后，我推荐读者看一下乔布斯在斯坦福大学的那段演讲，网上可以找到视频。当时他正好五十岁，是孔子所谓的知天命之年。他在演讲中提到的那些人生思考，跟曾国藩等中国先贤的思考是相通的。高手，不管是中国人，还是外国人，到了一定高度，必然是相通的。演讲的标题本是"求知若饥，虚心若愚"，窃以为不如叫"向死而生"，它对于我们思考人生本质的问题会颇有启发。

中国历史中的人生成败经验就讲到这儿，下节将开始讲国运兴衰的经验。

历代国家灭亡的主要原因

中国历史关于人生成败的重要经验还有一条：**宁为太平犬，莫作离乱人**。

就是说，一个人的人生成败还要看他赶上个什么世道。虽说乱世出英雄，但能做英雄的有几个？英雄之于平凡人的比例几乎可以忽略不计。杜甫为什么一辈子颠沛流离？说到底，是因为他赶上了乱世。为什么会有乱世？因为国家出问题了，国运衰败了。所以，说到底，人生成败与国运兴衰是正相关的。

为什么国运会衰败？一般有两大缘由：天灾和人祸。

如果从整个地球历史看，会发现天灾是主要的威胁，如小行星撞地球、冰川纪、大型气候变化，它们不只威胁某个国家，也不只威胁人类，而是威胁地球上的所有生命。如果从西方历史看，会发现流行性传染病也可能造成毁灭性灾难，十四世纪四五十年代，欧洲曾暴发鼠疫，夺走了约2500万欧洲人的生命，占当时欧洲总人口的1/3，这也算是天灾。

从中国历史来看，天灾的威胁似乎不是主要的，至少从文字记载的历史来看是这样的，我们主要的威胁是人祸。什么人祸？战争。包括内部战争和外部战争，外部战争既有对外主动发起的战争，也有外来的侵略战争。这些战争是决定国运兴衰的头等问题。所以，中国历史记载的战争是最多的。

比如《春秋左传》，作为《史记》之前最重要的史书，历来有个诨名——"相斫书"。斫，就是砍的意思——它就是**一部写满了人们拿着矛戈刀斧互相砍的书**，战争连着战争，不断地打打杀杀。

《史记》也差不多，开篇第一句话讲黄帝：

> 黄帝者，少典之子，姓公孙，名曰轩辕。生而神灵，弱而能言，幼而徇齐，长而敦敏，成而聪明。
>
> ——《史记·五帝本纪》

第二句话就开始讲战争：

> 轩辕之时，神农氏世衰，诸侯相侵伐，暴虐百姓，而神农氏弗能征。于是轩辕乃习用干戈，以征不享，诸侯咸来宾从。
>
> ——《史记·五帝本纪》

大意是，黄帝先把小诸侯们都打服了，"咸来宾从"，之后再打大的人物，打炎帝，战于阪泉之野，又打蚩尤，战于涿鹿之野，等等。

《资治通鉴》也差不多，开篇第一段讲三家分晋，第二段便追溯赵、魏、韩三家攻打智伯的战争情况。

因为战争常常是改变和决定着历史进程的，所以，一部中国历史近乎就是一部战争史。

《左传》讲：

国之大事，在祀与戎。

——《左传·成公十三年》

国家的头等大事，就是祭祀和战争。祭祀何以是国家头等大事，后面再说。战争是国家的头等大事，是显而易见的。春秋时期，华夏大地上一共有一百多个诸侯国，然后五百年间相继灭亡。怎么灭亡的？战争所致。

然后，秦朝灭亡、汉朝灭亡、蜀国灭亡、吴国灭亡、西晋灭亡、隋朝灭亡、唐朝灭亡、宋朝灭亡、元朝灭亡、明朝灭亡，都是怎么灭亡的？都是在战争中灭亡的。所以，**要讲中国历史关于国运兴衰的经验，首要的就是战争的经验。**

中国史书中记载了无数的战争，怎么发生，怎么结束，怎么胜的，怎么败的；还有无数的兵书，《孙子兵法》"三十六计"，等等，这些都是战争的经验。而这中间，最具战略性和纲领性的战争经验，是《史记》中记载的主父偃给汉武帝对策中的一句话：

国虽大，好战必亡；天下虽平，忘战必危。

——《史记·平津侯主父列传》

注意，主父偃只是引用了这句话，其最早的出处据说是周朝开国元勋姜太公所著兵书《司马法》（有传世版本，并收录此句）。也就是说，这是我们中国人在三千年前对于战争经验作出的总结。

意思是，不论国家多么强大，如果热衷于挑起战争，穷兵黩武，最终必然灭亡；不论天下多么太平，也不要忘记战争随时都会发生，如果没有准备，必定危险。

关于"天下虽平，忘战必危"，《解放军报》曾有一篇文章讲到，"战争是人类历史房间里的大象"。"房间里的大象"本是英国谚语Elephant in the room，意思是，战争问题就像大象在房间里，显而易见，却因为这个问题太大难以搞定，人们便干脆无视它，等着出了事再说。就是说，很多人并没有意识到"忘战必危"，没有应对战争的危机感。

尤其要强调的是"国虽大，好战必亡"，《左传》所谓：

夫兵，犹火也；弗戢，将自焚也。

——《左传·隐公四年》

一个国家再怎样强大，也不要轻言战争，更不要频繁地挑起战争，挑起战争就像点着了火，这个火势是很容易失控的，最终可能把自己烧死。中国历史上，这样的例子比比皆是。比如，《谷园讲通鉴》第8回讲的宋康王和齐湣王。当时齐国打败了燕国，燕昭王正在徐图自强，等待复仇的机会，这一等就是三十年，直到公元前286年，齐国紧邻的宋国突然闹出了很大的动静。

怎么回事呢？正常来讲，除了"战国七雄"之外，像宋国这样的小国都是在夹缝中求生存，能不招事就不招事的。可是，有人向宋康王汇报，在都城边上有只麻雀下的蛋里孵出了一只鹞鹰。

古人讲究天人合一，凡自然灾害和奇异之事统称"灾异"，都

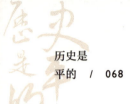

被看作上天对执政者的某种暗示，有专门的官员负责占卜和解读。宋康王便对此灾异进行了占卜，结果大吉："小而生巨，必霸天下！"宋康王大喜，立即动员全国兵力，大开征伐，果然非常顺利，先是灭掉另一个小国——滕国，又先后打败了齐国、楚国、魏国。

宋康王顿时骄狂起来，射天鞭地，捣毁神坛，那意思就是，天地鬼神他谁都不服了，他就是"老大"了。于是，不分白天黑夜地饮酒作乐，手下的"马屁精们"都高呼万岁，院子里的士兵们也跟着高呼万岁，外面的老百姓们也跟着喊，完全进入了一种集体无意识的状态。各大诸侯国都被气坏了，齐湣王乘机调集大军，把宋国一举吞并。

齐湣王是此前打败燕国的齐宣王的儿子，他吞并宋国后本该见好就收，却也犯了宋康王的毛病，也骄狂了，以为可以横行天下，继续挥师南下攻打楚国，同时向西攻打赵、魏、韩，甚至想把东周和西周两个公国灭了，他自己要做天子。手下两个大臣劝他冷静点儿，悠着点儿，都被他给砍了。于是，燕昭王的复仇机会终于成熟，公元前284年，他派乐毅带领大军长驱直入，一举攻克齐国都城临淄。齐湣王在逃亡路上被手下杀死。

这是两个典型的"好战必亡"的例子，它们还说明了执政者之所以好战，实质是因为一个"骄"字，因骄致败。西方格言讲，上帝要让谁灭亡，就先让他骄狂。中国古人也讲过类似的话：

君子有大道，必忠信以得之，骄泰以失之。

——《大学》

　　"骄致败"和"好战必亡"其实是一回事，从执政者的个人修养层面讲，就是"骄致败"，从国家战略层面讲，就是"好战必亡"，它们是统一的。

　　再比如，秦朝的灭亡。当时有一条谶语"亡秦者胡"，这是一种神秘的预言。秦始皇听说后大怒，派出大将蒙恬率三十万大军发动对胡人的战争。

> 蒙恬将三十万众北逐戎狄。
>
> ——《史记·蒙恬列传》

　　这不是一场几个月就能结束的战争，而是一场旷日持久的战争，用主父偃的话讲：

> 暴兵露师十有余年。
>
> ——《史记·平津侯主父列传》

　　一连打了十多年。直到秦始皇死后，赵高要害死蒙恬时，蒙恬手下仍然率领着大军跟胡人对阵。这是多大的战争规模啊！同时，为了防备胡人的反击，秦始皇还发动了上百万人修筑防御工事——万里长城。这是多大的战争投入啊！这得是多么骄狂的帝王才干得出来的事情。最终，秦朝表面上是被陈胜、吴广、项羽、刘邦等人起义推翻，实质是对胡人旷日持久的大规模战争把帝国给拖垮的。"亡秦者胡"，真没说错。

　　与秦朝同样短暂的新朝的灭亡，很大程度上也是因为王莽的骄狂和对匈奴发动的战争。《谷园讲通鉴》讲过王莽一步步崛起的几

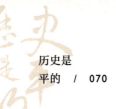

个阶段，他每上一个权力的台阶，我都问过一个问题：这时的王莽骄狂了吗？在前面的几个阶段，答案都是否定的，他一直刻意保持着低调、谦恭的姿态。直到他终于坐稳了皇位，长长出了一口气，立马就松懈了，就变得骄狂起来了。

当时匈奴那边本没什么问题，从汉元帝把王昭君嫁给呼韩邪单于之后，半个世纪以来汉朝与匈奴之间都维持着和平的状态，多难得啊！可是，骄狂的王莽非要"正名"不可，要给匈奴、西域还有其他周边附属国统统改名，把原来汉朝赐给单于的"匈奴单于玺"改成"新匈奴单于章"。一下子就把匈奴激怒了，派兵南下侵扰，五十年的和平被打破，狼烟再起。

王莽大怒，立即征调三十万大军，要十二道并出，踏平匈奴。而这三十万大军，是举国之力，巨大的开销都转嫁到老百姓头上，压力很大。特别是北方边境地区，这么多军队陆续集结过来，以战时管理对当地的老百姓征用各项物资，整个就乱了套，民不聊生。《汉书》讲：

> 北边自宣帝以来，数世不见烟火之警，人民炽盛，牛马布野。及莽挠乱匈奴，与之构难，边民死亡系获，又十二部兵久屯而不出，吏士罢弊，数年之间，北边虚空，野有暴骨矣。
>
> ——《汉书·匈奴传下》

几年之间，就从牛羊布野的盛世景象，转成了白骨露于野的末世景象。西域各国的情况也差不多，都感觉被王莽轻贱羞辱了，于是，焉耆国带头反叛，攻杀了西域都护。随后，王莽派去镇压的七千多人的军队也几乎全军覆灭。

还有西南夷，王莽把"句町王"给改成了"句町侯"，于是，句町国也反了。王莽派过去很多军队，也平定不了。

东北方向的高句丽国一直被王莽逼着一起出兵攻打匈奴，也反了。王莽派出名将严尤前去镇压，将其国君诱杀。王莽大悦，将"高句丽"改名为"下句丽"，结果，整个朝鲜半岛各小国也都起而反叛。

东北与西南夷皆乱云。

——《汉书·王莽传中》

原来稳稳当当的大汉帝国的周边体系，经过汉武帝以来上百年无数生命换回的这个体系被王莽一个"正名"便完全破坏掉了。在这个过程中，几十万大军四面征战，那得有多少军费开支，耗费多少人力、物力啊。

此前，好战的汉武帝也差点亡了国，天下户口减半，各地起义造反者无数，仗着他在吏治用人方面执行力很强，而且晚年下了"罪己诏"，停止了战争，才没有真的亡国，不过国力也是大为衰减。而王莽完全是书生治国，德不配位，根本没有治理国家的能力，他就没能经受住对外战争的拖累，弗戢自焚。很快，国内战争也起来了，他无力组织强有力的镇压军队，就灭亡了。

再说一下曹操。曹操的雄才大略本不在刘邦、刘秀之下，连诸葛亮都对他称赞有加：

曹操智计，殊绝于人，其用兵也，仿佛孙、吴。

——《后出师表》

曹操用兵与孙武、吴起一样，是兵圣一级的人物。然而，他最终不过是三分天下有其一，没能统一天下。这是为什么呢？《资治通鉴》中是这样讲的：

曹操暂自骄伐而天下三分。

——《资治通鉴·汉纪五十七》

是因为曹操在关键时刻骄狂了，轻易作出了错误的战略决策，致使功亏一篑。公元208年，在他率领大军拿下刘表的大半个荆州，把依附于刘表的刘备也打得疲于奔命的情况下，他正确的战略决策应当是先稳住江东的孙权，集中力量把刘备彻底消灭，再消灭益州的刘璋，最后再来打孙权，这样各个击破，当是手到擒来的。

可曹操当时已被胜利冲昏了头脑，而且此前他打陶谦、打吕布、打袁术、打袁绍、打袁谭、打袁尚、打乌桓，无往而不胜，所以就骄狂了，以为距一统天下只剩一步之遥，就想乘胜把孙权和刘备一勺烩。这就逼着孙权和刘备联手。结果，赤壁大战，曹操大败，然后至死也没能踏过长江半步。

再后面，南北朝时期，前秦皇帝苻坚在旷世奇才王猛的辅佐下，一口气灭掉了前燕、前凉，一统北方，甚至还拿下了西蜀，比曹操还要厉害。如果不是王猛死得早，苻坚很可能一路把东晋也给灭了。可最终他还是败了，淝水之战大败，不久就亡国了。问题出在哪儿呢？司马光是这样讲的：

> 坚之所以亡，由骤胜而骄故也。魏文侯问李克，吴之所以亡，对曰："数战数胜。"文侯曰："数战数胜，国之福也，何故亡？"对曰："数战则民疲，数胜则主骄，以骄主御疲民，未有不亡者也。"秦王坚似之矣。
>
> ——《资治通鉴·晋纪二十八》

还是因为骄狂。

此前，苻坚在决定发动对东晋的这场战争时，曾有大臣反对：这战争可不好打，东晋有长江之险可据！

苻坚一撇嘴：长江有什么？

> 今以吾之众，投鞭于江，足断其流，又何险之足恃乎！
>
> ——《资治通鉴·晋纪二十六》

"我们的百万大军把马鞭子扔到长江里，足以截断流水。"

投鞭断流，这得多骄狂。

当年，魏文侯问李克：春秋时的吴国为何灭亡？

李克答：因为数战数胜。

魏文侯说：数战数胜不是好事吗？

李克讲："数战则民疲，数胜则主骄。"打了这么多的仗，肯定使军民疲惫，国力虚弱；而这么多的仗又都打胜了，君主肯定会骄狂。这样，一个骄狂的君主率领着疲惫的军民继续打，没有不灭亡的。

　　苻坚就是这个情况。

　　骄狂必败，好战必亡，这就是国运兴衰的最基本的一条历史经验。那么，有的国君并没有骄狂，国家也没有好战，最终也灭亡了。为什么？因为即使你不引战，也会有人攻击你，正所谓，天下虽平，忘战必危。那么，要怎样应对随时可能发生的战争考验呢？下节再说。

怎样在多方博弈中取胜

国虽大，好战必亡；天下虽平，忘战必危。

——《史记·平津侯主父列传》

这句话里还隐含着一个中国古人非常重要的认识，即国与天下的关系。前半句讲的是"国"虽大，好战必亡；后半句讲的是"天下"虽平，忘战必危。这说明，早在三千多年前，中国人在思考国运兴衰这一问题时，就把国家置于天下的背景之下了。

虽然那时的"国家"指的是"诸侯国"，"天下"跟现在讲的"世界""全球"的空间范围也不一样，但这种关系是一致的。不论什么时代，不论什么国家，其国运兴衰都不是孤立的问题，都是与天下（世界）其他国家有联系的。简单来讲，任何一个国家的国运兴衰都必然是多个国家多方博弈的结果。一个国家能否处理好这种多方博弈，决定了国运兴衰。那么，在这方面，中国历史上有哪些经验呢？

《资治通鉴》开篇第一个历史故事就是讲这个的，它追溯了三家分晋之前，春秋时期晋国的四大家族智家、赵家、魏家、韩家之间的多方博弈。虽然，当时这四大家族还不能称为"国"，只能称为"家"，但意思差不多，也都各有封地，各自独立，各有君臣——家君、家臣。他们之间的这场博弈开始于一次饭局，智、韩、魏三家的家君智伯、韩康子、魏桓子在一起吃饭。

> 智伯戏康子而侮段规。

> ——《资治通鉴·周纪一》

饭局上，实力最强的智伯戏弄、羞辱了韩康子及其家臣段规一番。韩家人在矮檐下，不得不低头，忍了，没敢还嘴。饭局散后，智伯家臣进谏：您今天过分了，以后得当心他们发难于咱们。

智伯不以为然：

> 难将由我。我不为难，谁敢兴之！

> ——《资治通鉴·周纪一》

"他们怎敢发难？要发难也只能是咱们发难，咱们打他们。你想多了。"

过后好多天，果然什么事都没有，韩家一点儿动静也没有，四大家族仍然相安无事。智伯挺高兴：我就说吧，他们怕咱们，不敢发难的。这样吧，你去找韩家，让他家划出一片封地来，就说是进献给国君的，希望他们要有大局意识。

于是，使者去找韩康子要封地。

韩康子大怒：智伯欺人太甚！上次让他戏辱，我忍了，这次又来要我的地。说得好听是进献给国君，其实还不就是给他家。不给！

段规进谏：请息怒，智伯既然来跟咱们要地，肯定已做好准备，他那套理由也编得冠冕堂皇，咱们要是不给，他准得带兵打咱们。以咱们这实力，哪里打得过他。依臣看，不如痛痛快快给他一块地。他从咱们这里尝到甜头之后，肯定会再找别家要地。别家要是不给，跟他打起来，咱们再坐山观虎斗，相机而动，争取渔翁得利。

韩康子点头：好，有道理！给！

然后，就把一处万户之邑划给了智伯。

韩家的这个策略其实就是多方博弈的第一招——认尿。《左传》有句话：

既不能强，又不能弱，所以毙也。

——《左传·僖公七年》

你打不过人家，还不认尿，还非跟人家打，那就只能让人家打死。韩康子认尿：我不能强，但我能弱，你要地，我给地，我孝敬您，咱们是一家人，是一方的。这样不就安全了吗？所以，这一招也叫"抱粗腿"，要尽量先加入最强大的那一方。

智伯很高兴，跟韩家要地竟然没费一点儿劲：哦，原来这么简单啊，那再去跟魏家要块地去。

魏桓子当然也不想给。家臣任章进谏：您为何不想给？是不是感觉受了欺辱？有这感觉并不是坏事。因为，别家给智家地也会感觉受了欺辱，这样，大家同仇敌忾，一起痛恨智家，就容易结成联盟，一起对付智家。如果您非要争这口气，别家都给了，唯独咱们不给，那就不好弄了，咱们就得跟智家单挑，肯定打不过，何苦呢？

　　周书曰：将欲败之，必姑辅之。将欲取之，必姑与之。

　　　　　　　　　　　　　　　　　　——《资治通鉴·周纪一》

　　意思是，你想搞垮谁，就先给他加把火，让他热起来；你想从谁那里获取利益，就先给他利益。

　　魏桓子点头：好，有道理！给！

　　这样，魏家也给了智伯一个万户之邑。

　　在魏家的这番讨论里，包含了多方博弈的第二招——找朋友。什么样的人会成为朋友？有相同处境、共同利益诉求的人容易成为朋友。个人如此，国家也是如此，要寻求跟处境相同的国家结成联盟的机会。

　　《周书》的这句话也是老子的名言：**将欲取之，必固与之。**它指出了博弈过程中的各种利益交换是必需的，有舍才有得，不舍不得，舍不得孩子套不来狼。当然，也有赔了夫人又折兵——有舍无得的情况，这就要看怎么控制、怎么把握了，看谁的水平更高。

　　智伯得到韩、魏两家的地后，又找赵家要。赵家的家君赵襄子坚决不给。他为什么不给？史书没有细说，可能是赵家实力比较强，此前赵家的实力一度是超过智家的。另外，对于这种割地以求苟安的策略，后面史书里也有过批判：

抱薪救火，薪不尽，火不灭。

——《史记·魏世家》

这是在削弱自己，壮大敌人。这样下去，只能得到暂时的安全，好比温水煮青蛙，等你再想反抗时，就更无反抗之力了。赵襄子可能是这样想的，也可能是因为他脾气比较暴躁吧，多方博弈中的各方并不一定都能理性地作出决策。

总之，战争终于打响了。这时的形势跟韩、魏两家之前的设想并不一样。韩家之前设想的是，他家给了地，等谁家不给，跟智伯打起来后，他可以站在一边看着；魏家之前设想的是，受了智家夺地欺辱的各家将联合起来，打智家。事实则是，当智伯攻打不给地的赵家时，带上了韩、魏两家的军队。

帅韩、魏之甲以攻赵氏。

——《资治通鉴·周纪一》

而且很可能是让韩、魏两家的军队打前锋、当炮灰的。

这该怎么办呢？没办法，既然选择了认怂，选择了"抱粗腿"，认识到了"将欲取之，必固与之"，就得做好当炮灰的准备。当然，智、韩、魏的联军有绝对优势，赵家被动挨打，这意味着韩、魏两家也不会有太大的损失，而且在打败赵家之后还会分一杯羹——智伯许诺，事后三家平分赵家之地。所以，形势虽然跟两家起初设想的不一样，但看上去也不算坏。

就这样，打了一段时间，赵家眼看要坚持不住了。当时，智、韩、魏三家围攻赵襄子所在的晋阳城，决开汾水，把城给灌了。这天，智伯和韩康子、魏桓子同乘一辆战车，站在高处看着泡在大水之中的晋阳城，智伯哈哈大笑：

吾乃今知水可以亡人国也。

——《资治通鉴·周纪一》

"真没想到水攻这招这么好使！二位看到了吧，赵家马上要完了。"

韩康子、魏桓子赶忙赔笑：是、是、是，您英明！

一边说着，魏桓子一边偷偷地用胳膊肘碰了碰韩康子，韩康子也偷偷地踩了一下魏桓子的脚，两人心照不宣。心照不宣什么呢？他们两家也各有一座重要的城池，也是临河而建，也是可以用这招给淹掉的。

他俩的这个小动作并没有人发现，不过，当天晚上还是有人向智伯进言：有问题了！韩康子、魏桓子肯定在想造您的反。

智伯惊问：何出此言？

这人说：您注意了没有，眼瞅着就快把赵家灭了，就可以瓜分赵家了，可他俩一点儿高兴的样子也没有，都愁眉苦脸的。他们准是在担心，咱们灭了赵家之后就得灭他们，所以我说他们要造反。

智伯不以为然：噢，没事，你想多了。

与此同时，命悬一线的赵襄子正秘密派使者张孟来游说魏桓子和韩康子，寻求结盟，主要就是讲一个词：唇亡齿寒。

这个词是个典故，源自一个著名的晋国故事"假途灭虢"。在此两百年前，晋献公派荀息出使虞国。荀息就是智伯的七世祖。荀息带着重礼来到虞国，希望能借道虞国，允许晋国军队从其境内穿过，去攻打虢国。虞国大臣宫之奇坚决反对，向国君进谏：

谚所谓"辅车相依，唇亡齿寒"者，其虞、虢之谓也。

——《左传·僖公五年》

"谚语讲的'辅车相依，唇亡齿寒'的道理，正是讲的咱们虞国和虢国的关系，咱们是嘴，他们是牙，是一亡俱亡、一损俱损的。绝对不能帮着晋国灭虢国，万万不可！"

虞国国君不以为然：你想多了。咱们怎么不能帮着晋国灭虢国？咱们帮他，他能害咱们吗？不就是借咱们这个道嘛，没问题，过！

结果，晋军穿过虞国灭了虢国之后，在回来的路上，搂草打兔子——捎带手就把虞国给灭了。

张孟继续游说魏桓子、韩康子：历史总是惊人地相似，如今，智伯眼看要把我们赵家给灭了。然后，等不到你们各自回家，智伯也得搂草打兔子——捎带手就把你们也都灭了。

魏桓子、韩康子立马跪服：说得太对了！必须得行动了，再晚了就来不及了。

于是，赵、魏、韩三家的联盟终于达成。

这体现了多方博弈的第三招——抓时机。早一点、晚一点来游说韩、魏两家都不会有这个效果。只有在这个点上，赵家马上要撑不住了，韩、魏两家也真正感受到了危机，这时，抓住时机，才能促成联盟。

接下来，战争形势立即翻转。赵襄子也搞了一次水攻，派人挖开了河堤，淹了智伯的军队，韩、魏两家乘机从背后下手，一举灭了智家。智家的封地被赵、韩、魏三家瓜分。随后，三家分晋，中国历史进入战国时代。

战国时代更是一个典型的多方博弈的格局，秦、楚、燕、韩、赵、魏、齐各显神通，七雄争霸。最为经典的多方博弈策略也由此诞生，即合纵、连横。

合纵是南北纵向的，把燕、齐、赵、魏、韩、楚等六国联合起来，一起对抗西边的秦国，实际就是刚才讲的第二招"找朋友"。连横是东西横向的，秦国引诱各国与其达成联盟，或向它臣服。这两大策略背后有两大操盘手，即纵横家苏秦和张仪。

张仪力推的连横，实际就是第一招"抱粗腿"，不必多讲，这是多方博弈中最本能的选择。当苏秦开始推行合纵时，各国本来的选择都倾向于连横，甚至都有很多被称为"衡人"的鼓吹连横的人。苏秦批评：

衡人者，皆欲割诸侯之地以予秦。

——《史记·苏秦列传》

衡人们都在跟国君讲，割地事秦，给秦国地、给秦国利益，抱住秦国的粗腿，是最保险、最有利的。

而苏秦要做的，就是游说各国国君改变这个认识。他指出：

安民之本，在于择交。

——《史记·苏秦列传》

这句话，可以作为本节的注脚，意思是，百姓的安危和国家的兴衰，在很大程度上取决于选择跟哪个国家结盟。

苏秦说：千万不要去抱秦国的粗腿。

夫秦，虎狼之国也，有吞天下之心。

——《史记·苏秦列传》

秦国是虎狼之国，它是很特殊的，在它崛起之前，春秋时期的齐国、晋国都曾称霸一时，但它们都还尊重原周天子封建诸侯的天下秩序，还讲究"兴灭国，继绝世"的道义，没有并吞天下的野心。

注意，这里讲到了"道义"，多方博弈的第四招就是"讲道义"。

抱粗腿、找朋友、抓时机、讲道义，这就是我总结的多方博弈制胜四大招。什么叫讲道义？对于弱国来讲，讲道义就是竭尽全力去宣扬一种维持现状、保持和平的价值观。这样的价值观，在春秋时就有，《论语》中讲：

兴灭国，继绝世，举逸民，天下之民归心焉。

——《论语·尧曰》

大致就是这种价值观。

然而，当时的秦国已经很明显地不讲这个了，它就是想要灭掉六国，吞并天下。抱它的粗腿，只能加速六国的灭亡。六国只有团结起来，合纵攻秦，才能保全自身。

最终，苏秦依次说服了燕文侯、赵肃侯、韩宣王、魏襄王、齐宣王、楚威王，结成合纵联盟，成功地制衡住了秦国。

秦兵不敢窥函谷关十五年。

——《史记·苏秦列传》

形成了一种多方博弈的稳定局面，保障了六国的利益。

然而，最终合纵还是被打破了，秦灭六国。为什么合纵会被打破？我在《谷园讲通鉴》第24回特意讲了元代学者李桢写在《六国论》中的观点，他从人性的角度一针见血地指出：

六国者皆欲为秦所为。

——李桢《六国论》

六国跟秦国实质上都是一个德行：对内统治都是残暴的，孟子所谓"今夫天下之人牧，未有不嗜杀人者也"；对外也都恨不得吞并天下，天下吞不了就吞并小国，小国吞不了就多占些便宜。就凭这副德行，它们怎么可能实现长期稳定的合纵结盟呢？它们永远都会陷入利益纷争之中，永远停不下彼此之间的攻杀。

对于六国的这副德行，《战国策》里有个故事讲得最生动：有一次，六国的谋士们都聚集在赵国召开"外交部长会议"，研究合纵攻秦事宜。秦昭王很紧张，问丞相范雎：怎么办？

范雎笑道：您搭理他们干什么，您看您养的那些狗，平时在那儿躺着的躺着，站着的站着，闲溜达的闲溜达，相安无事，挺和谐的，可只要往中间扔根骨头，它们立即就会咬起来。这事您就交给我吧。

然后，范雎就派了一个使者带着五千黄金到了赵国，摆下一桌子酒席，邀请与会的各国谋士，只要来喝酒就能拿黄金纪念品。结果都来了，酒也喝了，金子也拿了，那个合纵联盟也就自然破解了。

那么，李桢有没有给六国"开药方"呢？怎样才能避免灭亡呢？他"开药方"了，他认为必须从根本上解决问题，必须真正懂得孟子讲的：

王何必曰利？亦有仁义而已矣。

——《孟子·梁惠王上》

孟子这句话，以前看时总感觉有点虚、有点绕，然而，在李桢的这篇文章中读到这层意思时，不禁心头一震，我被儒家的追求打动了。

怎样保持天下格局、世界格局的平衡与稳定？怎样保证世界各国之间和平发展、人民安居乐业？不是靠合纵连横，不是靠武器威慑，而是要在天下各国的执政者与人民心中都树立起"何必曰利，仁义而已"的共识。如果我们做什么事只看它是否对自己有利，而不看它是否正义，是否符合天下公义，那我们就永远生活在战争的边缘。

简而言之，李桢的这个"药方"，无非还是多方博弈的最后一招——讲道义。

孟子说的"何必曰利，仁义而已"是真正的讲道义。而现实政治中所讲的道义，都是一种多方博弈的策略，都还是基于利益。比如，秦亡之后，群雄逐鹿，刘邦为义帝发丧，这是讲道义，目的则是联合诸侯，一起攻打项羽。

刘邦的帝王之路，也是一个经典的多方博弈的战略过程。

一开始，他实力很弱，就使出第一招"抱粗腿"，抱住项梁，使其加入麾下。

随后，他慢慢做大，先入关中，而项羽紧随而来，摆出鸿门宴。刘邦怎么办？他还是用第一招，小名"认怂"。

然后，项羽分封天下，本来按之前的约定，"先入关者可以王关中"，可是，刘邦却被封到了汉中。刘邦仍然"认怂"，乖乖地去汉中，还把栈道都烧了，那意思就是他就在汉中老实待着了。

再后来，刘邦使出第三招"抓时机"，趁着项羽正与东边的田荣、彭越、陈馀打仗，无暇西顾，他明修栈道，暗度陈仓，迅速拿下关中。

之后挥师东进，在半道上使出第四招"讲道义"，为义帝发丧，把攻打项羽说成了为义帝报仇，替天行道。一下子就把张耳、陈馀等各路诸侯都联合了起来，这是第二招"找朋友"。

又趁着项羽在齐地与田家兄弟打仗，端了项羽的"老窝"彭城，这还是"抓时机"。

再后面，联合彭越、黥布，给韩信封王，还是"找朋友"。

最终，打败项羽之后，又把彭越、韩信、黥布都干掉，这叫什么呢？这叫卸磨杀驴、过河拆桥。这也是多方博弈里惯用的招数。

东汉开国时，刘秀和隗嚣、公孙述、窦融等各路军阀以及绿林军、赤眉军、铜马军之间的混战，也是这样的多方博弈的过程。三国更是典型的多方博弈，等等。最终，那些胜出的，都是抱对了粗腿，找对了朋友，抓住了时机，特别会讲道义的；而那些被灭掉的，都是抱了不该抱的粗腿，没找对朋友，错过了时机，没有达成并保持好联盟的。包括晚清面对列强的表现，也是这个问题。二战也是多方博弈。

最后，我想用一句西方人的话对多方博弈作出总结：**没有永远的朋友，也没有永远的敌人，只有永远的利益**。要关注自己的根本利益、长远利益，抓住时机，找对盟友，这是从中国历史中总结出的关于国运兴衰的重要经验。这条经验类似于儒家讲的"外王"，是把外部的关系处理好，与之相对应的，儒家更强调"内圣"。如何理解？下节再说。

怎样变法图强

上节多方博弈的经验都是从外部关系方面讲的，相当于儒家的"外王"。而儒家认为，"外王"的前提在于"内圣"，一个国家要想在复杂多变的多方博弈格局中立于不败之地，要想在处理各种外部关系时游刃有余，必须先把内部的各种问题处理好，包括政治、经济、军事、文化等，把国家治理好，实现富国强兵，才行，否则，落后就要挨打。

而所有这些"内圣"的努力，一言以蔽之就是要变法图强。要不断地把国家治理中那些错误的、低效的、陈旧的方法，改变成为正确的、高效的、创新的方法，从而使人民更加富庶、军事更加强大、国家更加富强，进而在应对外部战争时具有更多胜算。这是中国历史上各个朝代各个国家发展的一大主题。就像《诗经》讲的：

周虽旧邦，其命维新。

——《诗经·大雅·文王》

周朝虽然有着悠久的历史，是一个"老王朝"，但它不断革新，又是一个"新王朝"。

商朝国君商汤则在自己的脸盆里镌铸着"苟日新，日日新，又日新"的铭文，也是为了提醒自己，治理国家必须努力做到日新月异，不断微调，不断完善。

诞生于商周之间的中国文化第一经典《易经》之所以以"易"为名，就是强调变易、不易、简易的观念。在整个中国古代的国家治理体系上，有一条是"不易"的，大致就是君主制。除此之外，治理理念、政策制度等都在不断变化。

俗话说，成法不是法。《后汉书》所谓：

稽之笃论，将为敝矣。

——《后汉书·仲长统传》

意思是，所有成功的经验一旦被固定下来，就将慢慢变成坏的。这跟物理学讲的"熵增定律"是一致的。所以，改革没有一劳永逸，永远在路上。《周易·随》所谓：

天下随时。

——《周易·随》

国家治理的方方面面都要顺应时代的发展，不断变革。

那么，中国历史上具体有哪些令人印象深刻的变法图强经验呢？下面从战国开始，大致串一下。

战国时期的变法从李克开始。《资治通鉴》中没提到李克，只提到了李悝。《史记》中既提到了李克，也提到了李悝，很可能是指同一个人。我在《谷园讲通鉴》里讲的是李克，讲过他与魏文侯之间的一次对话。魏文侯想从两个亲信大臣中选一个做丞相，请教李克的意见：

> 家贫思良妻；国乱思良相。
>
> ——《资治通鉴·周纪一》

"现在魏国充满忧患，我特别需要一位良相来辅佐，您觉得这两人谁更合适？"

李克答：

> 卑不谋尊，疏不谋戚。
>
> ——《资治通鉴·周纪一》

"卑微的人不给尊贵的人参谋事情；关系疏远的人不给人参谋其亲戚之间的事。以我的身份，不适合给您这样的建议。"

魏文侯讲：您太客气了，请直说吧。

李克答：这两人谁更合适，这话我确实很难讲。不过，我可以送给您一套识人之法：

第一，"居视其所亲"，要看他平时与什么人亲近。

第二，"富视其所与"，他若是富有，要看他把钱花在什么方面。

第三，"达视其所举"，他若是高官，要看他举荐怎样的人。

第四，"穷视其所不为"，他若是不得志，要看他在坚守怎样的底线。

第五，"贫视其所不取"，他若是穷困，要看他能坚持不要什么。

您用这套识人之法，一定可以选出合适的人。

随后，按《史记》记载，李克或者李悝是亲自做了一段时间的丞相，辅佐魏文侯。《史记·孟子荀卿列传》记：

> 魏有李悝，尽地力之教。
>
> ——《史记·孟子荀卿列传》

《史记·平准书》记：

> 魏用李克，尽地力，为强君。
>
> ——《史记·平准书》

可见，应当是一个人，"克"与"悝"可能一个是名，一个是字。从这两句记载看，魏文侯任用李克变法的关键在于农业方面，"尽地力"，大力提高农业生产效率，进而提高经济实力——当时都是农业国家，以农为本。其他的变法情况，史书记载并不多。据说李克还编订了一部《法经》，是中国古代第一部完整的法典。虽已失传了，但有其他传世文献的引述，从中可以窥见其变法之一斑。

值得关注的是，作为魏国变法的最高领导者魏文侯的一个小细节：

每过段干木之庐必式。

——《资治通鉴·周纪一》

他每次乘车经过段干木的住处，都要给段干木行礼。因为段干木是一个很贤能的人，魏文侯刻意表现出这种礼贤下士的姿态来，从而吸引其他诸侯国的能人们前来投奔，加入到魏国变法图强的事业中来。其中就包括一个很有争议的能人——吴起。

《资治通鉴》记载，吴起最初在鲁国做官，有一年，齐国来攻打鲁国，鲁侯想任命他为将军带兵抗齐，可是考虑到他的妻子是齐国人，这个任命便迟迟没有下达。吴起太渴望这个施展才能的机会了，怎么办呢？一咬牙、一狠心就把妻子给杀了，然后如愿以偿当上将军带兵打败了齐国。

吴起杀了妻子来表明立场，又立了这样的大功，是不是从此就在鲁国官运亨通了呢？没有。因为有人对鲁侯讲，以前吴起的母亲死了，他不奔丧，为此他老师曾参都跟他断绝了师徒关系，现在又为了当将军而杀妻子，真是残忍薄行、禽兽不如，非但不能重用，最好还要杀掉，避免养虎为患。

吴起在鲁国待不下去了，便来投奔魏文侯。魏文侯问李克：您看咱们用不用他？

李克答：吴起贪而好色，但有古之名将的才能，至于用他还是不用他，您得自己拿主意。

李克讲话太严谨了，既表达出了自己的观点，又一点责任也不担。

魏文侯用不用吴起呢？用了，他任命吴起为将军。这体现了魏文侯用人的一大特点，就是敢于用有争议的人，唯才是举。正是因为魏文侯尊重人才，任用人才，筑牢了人才的基础，才确保了魏国的变法图强取得成功。

那么，怎样衡量变法成功与否呢？本节开头已讲过，实现了富国强兵，就是变法成功了。魏国接下来连打胜仗，大将乐羊打下了中山国，吴起则打下了秦国的五个城。

接下来，再说楚国的变法。

楚国的变法是吴起牵头实行的。魏文侯死后，吴起在魏国受到排挤，便转投了楚国。

> 楚悼王素闻起贤，至则相楚。
>
> ——《史记·孙子吴起列传》

楚悼王比魏文侯更加求贤若渴，吴起到了楚国后，很快被封为令尹，相当于丞相，然后，开始实行变法。

> 明法审令，捐不急之官，废公族疏远者，以抚养战斗之士。要在强兵。
>
> ——《史记·孙子吴起列传》

"明法审令"，是强调法治，加强王权，提高施政效率。

"捐不急之官，废公族疏远者"，是精简政府机构，把那些不重要、不做事的部门和官吏都砍掉，原来享受财政供养的一大批贵族也都废除，缩减财政开支。然后，省出钱来干什么呢？作为军费，提高军人待遇，加强军事力量。

吴起变法可谓短平快，立竿见影，使楚国迅速扭转了在多方博弈中的不利局面，变被动挨打为主动出击。

> 南平百越；北并陈蔡，却三晋；西伐秦。诸侯皆患楚之强。
>
> ——《史记·孙子吴起列传》

然而，虽然楚国因变法而强，吴起个人却备受压力。

> 故楚之贵戚尽欲害吴起。
>
> ——《史记·孙子吴起列传》

因为，吴起变法在很大程度上削减了楚国贵戚的利益，把贵戚们身上的肉拉下一块，去补贴军队。楚悼王活着，这些贵戚们不敢反抗，等楚悼王死了，便一哄而起，杀了吴起。

再说韩国的变法。后世讲法家必曰"申韩"，申即申不害，韩即韩非子。申不害本是"郑之贱臣"，是郑国低层的小官，被韩昭侯慧眼识珠，起用为丞相，主持变法。

> 内修政教，外应诸侯，十五年。终申子之身，国治兵强，无侵韩者。
>
> ——《史记·老子韩非列传》

"内修政教"，是国内的变法；"外应诸侯"，是国外的多方博弈。申不害辅佐韩昭侯十五年，实现了富国强兵。具体他们是如何操作的，史书没有细说，只是记载了韩昭侯的两段小故事。

有一次，申不害想给哥哥要个官当，韩昭侯没同意。申不害有点恼，韩昭侯讲：我正是按照您教的治国之术来处理这个问题。您说过，任命官员要看功劳和资历，现在又给您哥哥要官，您让我听哪头？

最后，申不害服了。

还有一次，韩昭侯让侍者把一条已经穿破了的裤子放起来。侍者讲：您怎么这么小气，一条破裤子还放起来干什么，随便赐给下面的人不就得了。韩昭侯答：

颦有为颦，笑有为笑。

——《资治通鉴·周纪二》

忧有忧的原因，笑有笑的原因。作为君主，无缘无故怎能随便赐予，必待有功之人方可。

由这两段小故事可见，韩国的变法也是强调任人唯贤、信赏必罚，强调法治。

魏国、楚国、韩国的变法，史书讲得都比较简略，讲得最详细的是秦国的商鞅变法。

秦国在春秋五霸之一秦穆公当政时期曾达到一个国力高峰，之后二三百年间都在走下坡路，经常被近邻晋国压制，直到秦献公时期才略有恢复，不过仍然不算强。秦献公死后，年仅21岁的秦孝公即位，面向天下发布了一道求贤令：

宾客群臣有能出奇计强秦者，吾且尊官，与之分土。

——《史记·秦本纪》

　　而此时的商鞅正怀才不遇，他听说这个情况，立即来到了秦国，先投到嬖臣景监门下，然后经其引荐，面见秦孝公。《史记·商君列传》中记载，商鞅先后三次见秦孝公，阐述自己的治国之道，即所谓强秦奇计。

　　第一次讲，把秦孝公给讲睡了；第二次讲，秦孝公没睡，但也听得不耐烦；到了第三次讲，终于讲到了秦孝公的心坎里，"语数日不厌"。那么，这三次分别讲了什么呢？景监也很好奇，因为都是密谈，外人不得而知，他便问商鞅。商鞅答：第一次讲的是帝道，第二次讲的是王道，第三次讲的是霸道。

　　究竟何谓帝道、王道、霸道？ 史书未载，我猜想，商鞅所谓帝道应指道家的以道治国，王道指儒家的以德治国，这两条道似乎都不够实用，所以秦孝公没有兴趣。最终，霸道讲以法治国，拿过来就能用，操作性强，于是两人一拍即合，开始变法。

　　变法的具体举措，在传世的《商君书》里有比较详细的记载，大致就是"废井田、开阡陌，实行郡县制，奖励耕织和战斗，实行连坐之法"等，本质上跟李克、吴起、申不害的变法一样，强调法治，大力发展农业生产，任人唯贤、唯功不唯出身，提升军事实力等，此处不细述，只谈几个关系到变法成败的关键点。

　　一是，成功的关键在于一把手亲自推动。国君秦孝公全力支持，跟商鞅高度一致。

　　二是，"变法，秦人不悦"，人们都习惯老样子，不愿意变。怎么办？商鞅讲：

民不可与虑始而可与乐成。论至德者不和于俗，成大功者不谋
于众。

——《史记·商君列传》

意思是，跟普通人去商量一个远大的战略，他们是理解不了
的，只有当这个战略做成之后，他们才会知道其好处。真理往往只
掌握在少数人手中，成就大功业的人全靠倾听自己的内心。所以，
改革者必须一意孤行，这事讲不了民主。

三是，变法。顾名思义，就是要改变很多常规的做法，人们能
适应吗？会不会没变好，反而变坏了呢？反对者认为：

缘法而治者，吏习而民安之。

——《史记·商君列传》

按照以前的老规矩、老路子走，官吏轻车熟路，老百姓也安
生，多好！何必瞎折腾进行变法。

商鞅驳斥：

是以圣人苟可以强国，不法其故。……智者作法，愚者制焉；
贤者更礼，不肖者拘焉。

——《资治通鉴·周纪二》

圣人只要可以使国家强大，就不会拘泥于以前的法度和模式。
不管黑猫白猫，逮到老鼠就是好猫。强者创立规则，弱者被规则
约束。

四是，立木取信。商鞅预料，新法颁布后，老百姓肯定怀疑这只是政府的一时兴起，从而不会积极响应，所以必须先证明这是"动真格"的。于是，他在南城门立了一根大木头，旁边贴了一张告示：谁能把这根木头扛到北城门去，就赏十金！结果，谁也不相信，没人扛。

过了两天，换上一张新告示：谁能把这根木头扛到北城门，赏五十金！这次，有个男人心想：反正闲着也是闲着，只当锻炼身体了。就给扛过去了。然后，真得到了赏金。老百姓们都惊呆了：哇，这是来真的！于是，新法一颁布，迅即铺开。

五是，新法推行了一年，秦国上下几乎没人说好，太子也不认可，还公然违反。商鞅正好抓住太子这个典型，依法惩治。因为太子将来要做国君，不能用刑，便让太子的老师代其受刑。一下子，人们都老实了。几年之间，秦国大治。

抓太子的典型与立木取信一样，都是为了使新法取信于民，只不过一个是从罚的方面进行，另一个是从奖的方面进行。司马光认为这是商鞅变法成功的关键，他讲：

夫信者，人君之大宝也。

——《资治通鉴·周纪二》

诚信是人君的宝贝。孔子也讲过类似的话，他讲，执政能不能稳固取决于三方面：足食、足兵、民信之。

足食，就是得让老百姓吃得饱饭。

足兵，就是得有保家卫国的军队。

民信之，就是老百姓信任、支持这个政府。

如果这三方面中只能保留一样呢？孔子认为，吃不饱可以坚持，军队弱也可以坚持，但是，"民无信不立"，信任是生命线，是成败存亡的关键。

商鞅最后的下场跟吴起一样，在秦孝公死后，他也算是被秦国的皇亲国戚们给害死的。因为变法都是在一定程度上剥夺既得利益群体的权利，把这部分权利拿出来重新分配，从而激活整个国家的潜力。虽然商鞅被害，但是他推行的新法很大程度上被保留了下来，这使得秦国走上了持续的富国强兵之路，最终一统六国。

在秦国一统六国的过程中，遭遇的最顽强的抵抗来自赵国。秦、赵之间著名的长平之战，虽是秦国胜利，但也是举国之力。赵国之所以这么强，也是因为他们进行过很成功的变法，就是赵武灵王推行的"胡服骑射"。

赵武灵王在与北方胡人作战的过程中，发现胡人的衣服穿着更贴身利索，不像中原人那样，宽袍大袖，拖拖拉拉的。胡人这种穿着更适合打仗，而且从小就训练骑马射箭，所以战斗力很强，不好对付。怎么办呢？学过来！于是，赵武灵王便开始推行胡服骑射，让赵国人也全部改穿胡服，从小就练习骑射。

当赵武灵王提出这个想法时，大臣们的第一反应是不可思议，甚至觉得很可笑。就像有人上身西装，下身筒裙，再配凉鞋一样。赵武灵王把脸一沉，讲：

愚者所笑，贤者察焉。

——《史记·赵世家》

凡是一般人觉得可笑的事情，聪明人总能在里面发现问题和机会。

然后，正式推行，老百姓们也都不乐意。习惯的力量是巨大的，就像清朝刚入关后，让男子们都改发型，剃成秃脑门，后面留大辫子，很多人誓死抵制，后来民国时要剪辫子，又有很多人抵制。穿衣服也一样，世代都这样穿，说改就改，人们当然都抗拒。怎么办？不可能挨家挨户地去做工作，这种情况下最好的办法仍是抓典型。在反对穿胡服的人中最有影响力的莫过于赵武灵王的叔叔公子成，为了抵制穿胡服，他干脆称疾不朝。赵武灵王亲自去找公子成，讲了三句话：

> 制国有常，利民为本。
>
> ——《史记·赵世家》

国家要推行某项政策，衡量它好不好、对不对，只有一条标准，就是看它是否利民。穿胡服利民，所以是个好政策。

> 从政有经，令行为上。
>
> ——《史记·赵世家》

政务管理有很多原则，其中最重要的是令行禁止。你若不穿胡服，就是破坏这个原则。

> 明德先论于贱，而行政先信于贵。
>
> ——《史记·赵世家》

　　形成社会道德风尚要先看普通百姓是否认可和接受，而推行政策必须先取得贵族高层的支持。你必须支持我，要带好这个头。

　　这三句话连唬带哄，公子成立即把胡服穿上了。他都穿了，别人谁还敢抗命，这个问题也就解决了。

　　除了改穿胡服，更重要的是全民骑射训练，全民军事化，也有史料反映当时赵国手工业颇为发达。总之，经过胡服骑射，赵国国力大为增强。

　　其实，晚清以来的一些重要思想，如"师夷长技以制夷""中学为体，西学为用"，日本明治时期的"脱亚入欧"等都带着几分胡服骑射的影子。

　　回到秦国。秦灭六国一统天下之后，秦始皇有没有继续沿袭周朝的"分封制"呢？没有，他实行"郡县制"，进行了全面改革，书同文、车同轨等，以法家思想治国。

　　然后，刘邦建立汉朝，又进行了改革，采用"郡县制"与"分封制"兼顾的形式，治国思想也由法家逐渐转变为黄老道家。萧规曹随，萧何、曹参、陈平等开国丞相治理国家都持较自由放任的态度，政府管得很少，小政府大社会。"文景之治"时期甚至实行过"自由铸币"，民间都可以自行铸钱。正所谓，"一抓就死，一放就活"，老百姓们从秦朝那种抓得死死的状态里解放出来，休养生息，几十年就富裕了起来。

　　然后，问题也来了，可谓是"一放就乱"，因为经济自由放任，造成民间各种豪强兼并，富者田连阡陌，贫者无立锥之地。

　　所以，还得变法。汉武帝即位后，就把治国思想从黄老道家转

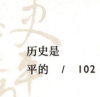

变为儒家，独尊儒术，加强经济管制，实行盐铁官营等，军事上发动对外战争。

汉武帝死后，霍光掌权，又变法，重回休养生息的国策。

到了王莽新朝时，又面临很多问题，又变法，托古改制，实行王田废奴、五均六筦等。很可惜，王莽变法失败了，他的新朝也随之灭亡。

再后来就不细说了，宋朝有王安石变法，也算是失败了，王安石死后四十年，北宋就完了。清朝又有百日维新，也失败了，不久，清朝也完了。

总之，变法图强是中国历史关于国运兴衰的重要经验，变法成功则国运兴，变法失败则国运衰。

那么，为什么有成有败呢？最关键的因素是什么呢？下节再说。

┃成功君主的共同特点┃

　　中国历史的一条重要经验是变法成功则国运兴，起码管用十几年、几十年；变法失败则国运衰，甚至亡国。而变法成败通常取决于帝王和手下官僚系统的执行力。进一步讲，这是一个吏治问题。

　　变法的实质，都是以法的形式改变原有社会资源的分配方式，以解放生产力，这必然会造成原有分配方式下既得利益者的损失。而这些既得利益者往往都是贵族、皇亲国戚，是官僚系统里的人，包括一大部分官吏，他们要反对变法，要消极怠工，要阻挠，必然削弱执行力。

　　那么，怎样抓好吏治，确保执行力呢？如果是在一个真正的法治社会里，都可以用法治的手段去解决。而中国古代历史大致都是皇权时代，其法治基于人治，就像西汉酷吏杜周所讲：

　　　三尺安出哉？前主所是著为律，后主所是疏为令。

——《史记·酷吏列传》

　　法从哪里来？法律、法令是谁定的？是帝王定的。帝王认为对的，就是法律、法令。帝王就是法！

在这样的政治背景下，官僚系统执行力的问题，或者说吏治的问题，最终都在于帝王是怎样的人。《尚书》所谓：

> 一人有庆，兆民赖之。
>
> ——《尚书·吕刑》

帝王是怎样的人，就决定了这个国家是怎样的国家。老百姓们能不能过上幸福的生活，一国之兴衰成败都系于帝王一身。正所谓，成败在人。在一个人治社会中，尤其成败在人。在所有关系成败的人中，帝王是那个最重要的人。这在中国古代文化中几乎是一条不证自明的历史经验，以至于中国古人都有一种普遍的情结，大致可以称为"明君圣主情结"。

在中国文化尤其是儒家文化中最推崇圣人。公认的圣人，除了孔子之外，尧、舜、禹、汤、文、武都是"明君圣主"，都是帝王。唯独孔子不是，后人便为之遗憾，说他"有德无位"，干脆送他一个空头的王冠"素王"。而后来的帝王，不管是不是明君，一律尊称"圣上"。这里面权力崇拜、个人崇拜之类的大众心理，我们不作讨论，反正历史就是这样的。

中国古代文人的最高理想都是"致君行道"，都想做帝王师，都认为只要把帝王教成明君圣主，整个国家就好了，天下苍生就有福了，自身的人生价值就最大限度地实现了。就如杜甫诗云：**致君尧舜上，再使风俗淳。**

做不了帝王师，就争取先做太子的老师，把太子教育成未来的明君圣主。贾谊的千古雄文《治安策》论述关系国家兴亡的大问题，第二条就是关于太子的教育。只有教育好太子，才能实现皇权的长期稳定传承。他讲：

鄙谚曰：前车覆，后车诫。

——贾谊《治安策》

俗话说得好，前面的车从那儿翻了，后面的车就别从那儿走了，或者从那儿走时要多加小心。秦朝之所以二世而亡，根本问题就出在太子受到的教育不行，跟出身刀笔吏的赵高能学出什么好来，满脑子都是杀头、剁脚、夷三族之类的想法。

而夏、商、周三朝之所以能存在那么久，很大程度上是因为它们都有一套完整的太子教育制度，在太子很小时就选择德高望重、智慧深沉的人做其太傅、少傅、太保、少保，身边的人也都是"天下之端士"，每天受这些人的教育和影响，就会养成好的品性和习惯。

孔子曰：少成若天性，习惯如自然。

——贾谊《治安策》

这样培养起来的太子，将来必为明君。

太子正而天下定矣。《书》曰："一人有庆，兆民赖之。"此时务也。

——贾谊《治安策》

太子培养好了，皇权的传承与发展就没有问题，天下就尽在掌握，能保持稳定。总之，太子的培养太重要了，亿万臣民的未来，都看这一个人的。

而太子能不能教育好，君主是不是贤能，这些问题决定着整个国家的未来，明显是一个皇权时代人治社会的巨大制度缺陷，是一个死穴。这个问题怎么解决，后面再讲。这里主要讲，在这种古代人治社会的条件下，能够抓好吏治，确保官僚系统具备较高的执行力，实现了富国强兵的所谓的"明君圣主"都是怎样的人。我们先看看都有谁。

秦始皇肯定算一个，虽然算是个暴君，但他开创了大一统的秦帝国，可谓千古一帝，盛极一时。

刘邦也算一个，奠定了大汉朝四百年基业。

刘邦死后，他的妻子吕后主政十五年，几乎相当于女皇，没有这十几年的安稳，就不会有后面"文景之治"的盛世。所以，她也得算一个。

然后，实现"文景之治"的汉文帝更得算一个，《谷园讲通鉴》第55回讲过，他几乎是史上最完美的皇帝。

再后面，汉武帝的文治武功更了不起，也算一个。

再后面，"孝宣之治"达到西汉的巅峰期，所以，汉宣帝也算一个。

然后，东汉开国的光武帝刘秀也算一个。

刘秀的儿子汉明帝刘庄在位期间又开创了"明章之治"，也算一个。

再后面，著名的盛世要数唐朝"贞观之治"，所以唐太宗也算一个。

然后，武则天作为史上唯一真正的女皇，也算一个。

他们都是怎样的人呢？他们各有各的特色，各有各的经历、政绩，不过，他们给我一个共同的深刻印象，就是一个字：狠。

秦始皇的狠，我在《谷园讲通鉴》第26回讲过，他似乎是一个有心理缺陷的人，没有仁爱之心，冷酷无情。有一次，他看到丞相李斯身后带着很多随从，排场很大，便很不高兴。然后，转过天来，再看到李斯，身后竟然没人了，随从都撤了。秦始皇心里一翻腾：昨天我不高兴，并没有跟李斯说，他怎么知道的？肯定是他在我身边有眼线，给他通风报信了。必须把这个人查出来。

结果，查了半天，谁都不承认。最后怎么办？就把那天在他身边的，可能看到他不高兴的人全部杀掉了。

为什么这件事给我的印象比较深刻？大家想想，打仗也好，修宫室陵墓也好，那些事上不论死多少人，都不在他眼皮子底下，跟他也不沾亲带故的，他不动心也勉强能理解。而在这件事上，他杀的都是身边朝夕相处的人。正常人，即便小狗小猫，天天跟着也得有感情了，可秦始皇说翻脸就翻脸，说杀就杀了。

刘邦的狠，最著名的故事是他扔孩子。当时作为汉王的刘邦打下彭城，遭项羽反扑，惨败，只带着几十人夺路而逃。他先逃回沛县老家，想把家人接上，结果家人都不知去向，追兵在后，没有时间找，只能继续逃。临出沛县时竟然碰上了一对小儿女，也就是后来的孝惠帝和鲁元公主，驾车的滕公夏侯婴急忙都给抱上车。接下来，按《史记·项羽本纪》载：

> 楚骑追汉王，汉王急，推堕孝惠、鲁元车下，滕公常下收载
> 之。如是者三。

> ——《史记·项羽本纪》

　　后面楚军骑兵紧追不舍，刘邦就着急了，嫌车上拉的人太多
了，速度提不上去，竟然就把这两个孩子都从车上推了下去，掉在
地上。滕公赶紧停下车，把孩子们又给抱了上来。"如是者三"，
还不是推了一次，是推了好几次，多亏滕公又给抱上车好几次，他
跟刘邦讲：

> 虽急不可以驱，奈何弃之？

> ——《史记·项羽本纪》

　　虽然很危急，车跑不快，也不至于把孩子扔了啊！
　　《史记·樊郦滕灌列传》里也写了这一段：

> 汉王急，马罢，虏在后，常蹶两儿欲弃之，婴常收，竟载之。

> ——《史记·樊郦滕灌列传》

　　当时，马跑了一天，很疲惫，楚军又在后面紧追不舍，刘邦急眼
了，把两个孩子从车上踹下去好几次，想给扔了，每次都是夏侯婴又
给抱了上来。而且，夏侯婴是真疼这两个孩子，孩子们上了车，他还
没有立即快马加鞭，而是等孩子们坐稳当了，手都抓住车上的东西，
他才加速。

汉王怒，行欲斩婴者十余，卒得脱。

——《史记·樊郦滕灌列传》

刘邦不但不领情，还嫌夏侯婴耽误了工夫，嫌车驾得太慢，骂骂咧咧的："你小子再这么磨磨蹭蹭，老子非杀了你不可。"这样骂了十好几次。

当然，刘邦这个狠，有可能是做样子。而他的妻子吕后的狠，绝不是做样子。《谷园讲通鉴》第50回曾专门讲过她做的那些狠毒事，真可谓"青竹蛇儿口，黄蜂尾后针。二者皆不毒，最毒妇人心"。她把刘邦最爱的戚夫人弄成了"人彘"；把刘邦最爱的儿子小如意害死；把刘邦的另外两个儿子——刘友、刘恢——也给弄死了；刘邦的小儿子刘建病死后，她又把刘建的小儿子弄死。最后，只给刘邦剩下两个儿子——刘恒和刘长，因为刘恒的母亲薄夫人特别不受刘邦待见，而刘长算是吕后自己给带大的。

此前，刘邦在洛阳剪除异姓诸侯王，本来想给彭越留条活命，发配到蜀地就算了。结果，彭越在发配的半道上，正好遇上从长安往洛阳来的吕后，便上前一通哭诉，请吕后给说说情。吕后满嘴应承："好，我给你说说去。你立了这么大功，皇上怎么能这样对你呢。"

彭越千恩万谢，以为不用发配了，哪里想到吕后一见刘邦便臭骂一通："你老糊涂了吧，彭越这么厉害，怎么能给他留活命，那只会后患无穷！"就给彭越扣了个谋反的罪名，施以菹醢（zū hǎi）之刑，把他剁成了肉酱。这还不算完，他们还把彭越的肉酱进行了分装。

盛其醢遍赐诸侯。

——《史记·黥布列传》

给各路诸侯一家送一盒肉酱——大家都尝尝吧，这就是谋反的下场。

吕后死后，陈平、周勃等灭了吕家，拥立了汉文帝刘恒。之所以拥立刘恒，就是感觉刘恒老实，刘恒的母亲及姥姥家都是老实人。而刘恒接下来的表现也确实谦虚、低调、俭朴，是历史上少有的近乎完美的皇帝。不过，他照样是逼死了唯一在世的亲生兄弟刘长。以至于民间作歌：

一尺布，尚可缝；一斗粟，尚可舂。兄弟二人不能相容。

——《史记·淮南衡山列传》

另外，他还逼死了他母亲唯一的亲兄弟薄昭。他能即位，薄昭也是立有大功的。事情原委史书并未细说，只是说因为薄昭杀了一个使者，汉文帝毫不留情，立马派人给送去一杯毒酒。薄昭觉得委屈，不喝。汉文帝就派了一大帮大臣都戴着孝，到薄昭家门口大哭。薄昭只好自杀。这是汉文帝的狠。

汉武帝就更狠了。汉武帝最喜欢用酷吏，《史记》《汉书》里的《酷吏列传》，多半都是写的汉武帝手下，他们都曾经颇受器重，最后几乎都被杀掉。其中，最大的酷吏张汤本是汉武帝面前的"大红人"，后被人告发有问题，汉武帝立马将其杀掉。之后，汉武帝又发觉告发张汤的那三个丞相府的长史也有问题，他又都给杀掉，其中就有著名的朱买臣。朱买臣等三个长史之前也都很得汉武帝的宠信。

汉武帝在位五十多年，手下先后有过十三四位丞相，最后多半被他弄死，得善终的少。其中，公孙贺被任命为丞相时竟然吓哭了，当时在任命仪式上，太监把丞相印绶捧到他面前，面对旁边那么多文武百官，他也不好意思明说，只能跪在地上不停地磕头，眼泪哗哗地流，就是不接。汉武帝明白他的心思，干脆一甩袖子走了。他实在没办法，接过相印，垂头丧气地出了宫门，回到家里，冲家人长叹一声：

我从是殆矣！

——《资治通鉴·汉纪十三》

完了！从今以后，我是没好了。

果然，后来因为所谓的巫蛊案，公孙贺被汉武帝抓到大牢里弄死。

在那场著名的巫蛊案中，汉武帝甚至还杀死了两个亲生女儿——阳石公主和诸邑公主。后又跟卫子夫的儿子——太子刘据——开战，杀死了刘据全家，卫子夫也自杀了，只留下了刘据的还在襁褓中的孙子。有道是，虎毒不食子。汉武帝之狠毒算是登峰造极了！《资治通鉴》评他：

然性严峻，群臣虽素所爱信者，或小有犯法，或欺罔，辄按诛之，无所宽假。

——《资治通鉴·汉纪十一》

他天性就特别严酷冷峻，亲儿女都杀，对官吏就更狠了，完全以法家做派，重轻罪，不管平时多么宠信的人，只要稍有违法，或有事瞒他，立即杀无赦。大臣汲黯曾劝谏：

> 陛下求贤甚劳，未尽其用，辄已杀之。以有限之士恣无已之诛，臣恐天下贤才将尽，陛下谁与共为治乎！
>
> ——《资治通鉴·汉纪十一》

皇上，您费那么大劲把人才招来，还没等他把才能全发挥出来就给杀了。这样，人才有限，杀人无限，将来谁还帮您治天下？

汉武帝哈哈大笑：

> 何世无才，患人不能识之耳。苟能识之，何患无人！
>
> ——《资治通鉴·汉纪十一》

只要咱们善于识人、用人，人才有的是。人才就像海绵里的水，挤挤总是有的，杀不完。

然后，太子刘据唯一没被处死的那个襁褓中的孙子后来继承帝位，即汉宣帝刘询。他带领西汉中兴，实现了"孝宣之治"，匈奴臣服，西域并入。

> 至于技巧、工匠、器械，自元、成间鲜能及之。
>
> ——《汉书·宣帝纪》

手工业水平之高达到汉朝巅峰，老百姓们都过上了好日子。所以，汉宣帝在老百姓心中的威望极高，声誉极好。后来，天下大乱，赤眉军打进长安，把西汉历任皇帝、皇后的陵墓都给挖开了，唯独汉文帝的霸陵和汉宣帝的杜陵没被挖。

> 宗庙园陵皆发掘，唯霸陵、杜陵完。
>
> ——《汉书·王莽传下》

而"孝宣之治"盛世的实现，正是靠吏治得力。

> 汉世良吏，于是为盛，称中兴焉。
>
> ——《汉书·循吏传》

像丙吉、魏相、张安世、夏侯胜、黄霸、韩延寿、龚遂、疏广、赵广汉、萧望之等名臣都是这个时期的，尤其是出了一大批好太守。汉宣帝曾讲：

> 民所以安而无怨者，政平吏良也。与我共此者，其唯良二千石乎！
>
> ——《后汉书·左周黄列传》

二千石就是太守这一级别的，大致相当于今天的省部级干部。汉宣帝认为，治理天下的关键就在于抓好这一级官吏队伍。怎么抓呢？主要也是一个狠字。他杀掉的赵广汉和韩延寿都是史上著名的能吏；他逼死的盖宽饶可以说是西汉的海瑞。司马迁的外孙杨恽才华横溢，曾深得他的器重，被提拔为光禄勋，相当于他的秘书长，结果，只因为杨恽说了几句他不爱听的话，就被杀掉了。张敞、韦玄成等名臣因为跟杨恽有交情，也都被免了官。

汉宣帝也跟汉武帝一样，很喜欢用酷吏，他手下的大酷吏严延年的外号为屠伯，形容其跟屠夫一样。对此，接受过正统儒家教育的太子刘奭很不认同。《谷园讲通鉴》第116回讲过他们父子之间的一次对话，为了便于理解，稍掺入了一点儿我的个人思想。当时，刘奭陪汉宣帝吃饭，气氛不错，他便假装不经意地说：

> 陛下持刑太深，宜用儒生。
>
> ——《汉书·元帝纪》

您现在用的几乎都是法家那一套，似乎不太符合"罢黜百家，独尊儒术"的大国策，您看，是不是应该多用些儒生出身的官员，把儒家的德政、王道等周朝即采用的先进政治理念、制度再次发扬光大。

汉宣帝立马烦了，驳斥道：

> 汉家自有制度，本以霸王道杂之，奈何纯任德教，用周政乎！
>
> ——《汉书·元帝纪》

周朝的制度就先进吗？他们有他们的制度，咱们有咱们的制度。咱们大汉朝的制度从高祖皇帝以来就是"霸王道杂之"，是一手霸道，一手王道，两手一起抓。你学儒家，肯定知道孟子说过：

> 以力假仁者霸，霸必有大国，以德行仁者王，王不待大。
>
> ——《孟子·公孙丑上》

霸道是"以力服人"，靠实力、权力让人屈服；王道是"以德服人"，靠德行、教化让人信服。这话没错。不过，孟子给王道和霸道分了高下，认为王道比霸道高明，可就不对了。孔子肯定没有这样的判断，老子更不会有，为什么？因为**王道和霸道本为阴阳，是一体之两面，不能分高下，只能讲平衡，更不能对立起来**。非此即彼，只要一头，就像你说的，只要所谓的王道，实在是大错特错。

还有，你刚才说要多用儒生，你说说，让我用哪个儒生？孟子都这么不靠谱，当今天下能找出几个真儒来？你所说的儒生不过是一班俗儒而已。

俗儒不达时宜，好是古非今，使人眩于名实，不知所守，何足委任。

——《汉书·元帝纪》

绝大多数的儒生都是书呆子，他们脑子里的那些道理、学问只是故纸堆里翻腾出来的，张口闭口尧、舜、禹怎么说的怎么做的，孔圣人怎么说的怎么做的，就跟他们亲眼见过似的。即便他亲眼见过那些人真是这么说的这么做的，又能如何？现在还能照着他们的样子做吗？那叫刻舟求剑！实践才是检验真理的唯一标准，具体问题都得具体分析，即便学习圣贤的思想智慧也得有选择、有扬弃。俗儒们不明白这个道理，只会"念山音""敲铲子"，不能实干，何足委任？

刘奭被痛批一通，赶紧谢罪退出，汉宣帝长叹一声：

乱我家者，太子也！

——《汉书·元帝纪》

我这个太子太单纯、太善良、太软弱，早晚得把我大汉朝的家业给败了。

随后的情况果然不出汉宣帝所料。太子刘奭即位后，即汉元帝，他太心慈手软，比如，明知道大太监石显设计害死了大忠臣萧望之，他大怒，而石显只不过磕一通头便没事了。西汉由此转衰。

后面，汉成帝明知道王氏外戚对刘姓皇权已构成威胁，有取而代之的危险，他却狠不下心来对付王氏。最终，王莽篡汉。

以上足证鬼谷子所谓：**狠则得，软则失**。

接下来，东汉光武帝刘秀是著名的"柔道治国而铁腕治吏"，曾连续逼死三任宰相（大司徒）。他也爱重用酷吏，如"强项令"董宣这样的。

刘秀的儿子汉明帝刘庄也是狠，两个兄弟刘荆、刘英都被他逼死。而在他手里实现了"明章之治"，也是盛世。

再后来，魏武帝曹操更狠。裴松之注《三国志》，记载公元193年他东征徐州的情况：

自京师遭董卓之乱，人民流移东出，多依彭城间。遇太祖至，坑杀男女数万口于泗水，水为不流。

——《三国志注》引《曹瞒传》

就是说，曹操攻克彭城后，便坑杀男女数万人，说明肯定包括平民，数万人的尸体甚至堵塞了流经彭城的泗水河。

然后，徐州牧陶谦在彭城东的武原县再次组织群众进行顽强抵抗。

陶谦帅其众军武原，太祖不得进。引军从泗南攻取虑、睢陵、夏丘诸县，皆屠之；鸡犬亦尽，墟邑无复行人。

——《三国志注》引《曹瞒传》

就是说，曹操攻不下武原，便掉头南下，沿着泗水河一路疯狂扫荡徐州的取虑、睢陵、夏丘等县城，"皆屠之"——全部屠城，鸡犬不留，人当然就更不留了，大军过后，这些地方就看不见人烟了，"墟邑无复行人"。

然后，就是曹操人生最高光的时刻——官渡之战大败袁绍。当时，袁绍手下数万大军向他投降，他怎么处理呢？陈寿《三国志》只记载了七个字：

余众伪降，尽坑之。

——《三国志·魏书·袁绍传》

裴松之注引《汉纪》所载：

杀绍卒凡八万人。

——《三国志注》引《汉纪》

两句合在一起，大致意思就是，近八万袁军向曹操投降后，全部被活埋。

大名士孔融只说了几句他不爱听的话，就被满门抄斩。当时孔融有一双儿女，只有七八岁，没有被杀。然后，有一天曹操听说捉拿孔融的那天，这两个孩子竟在若无其事地下棋。旁边人问：你们怎么不哭呢？怎么也不跑啊？

两个孩子竟淡然回答：哭有什么用？跑有什么用？覆巢之下焉有完卵？

曹操大惊：这两个孩子不一般，必为后患，不能留。

于是，又把这两个孩子抓了起来，杀掉。多狠！

再后面，唐太宗李世民也是狠，玄武门之变，射死亲哥，逼亲生父亲让出皇位。

后来，唐太宗收了一个武姓小才人。有一次，外国进贡了一匹脾气火暴的宝马，撒欢尥蹶子，谁也控制不了。这位武姓小才人自告奋勇：

妾能制之，然须三物，一铁鞭，二铁树，三匕首。铁鞭击之不服，则以树树其首，又不服，则以匕首断其喉。

——《资治通鉴·唐纪二十二》

唐太宗大悦，壮其志。唐太宗驾崩后，武姓小才人跟其他无子女的妃子们都入感业寺为尼。第二年，唐高宗李治到感业寺进香，将武姓小才人再召入宫，生下了一个女儿。武姓小才人亲手把女儿掐死，嫁祸陷害皇后，最终自己当上了皇后。再后面，她又要当皇帝，逼死亲生儿子，等等。这就是一代女皇武则天的狠。

高处不胜寒，这些大有作为的君主都是这么狠，这么冷酷。这条关系国运兴衰的历史经验，大致可以总结为八个字：吏治为本，人治靠狠。

我的意思不止于此。因为，光靠狠是不行的，秦二世也狠，把兄弟们都杀了，照样也亡国。王莽也狠，杀了自己的三个儿子，照样也亡国。历史上还有好多亡国的狠人，而不狠肯定是不行的。这是什么思想？这是法家思想，是法家帝王之学不断强调的思想。

然而，中国历史，自西汉以后历朝历代讲得最多的思想是儒家。就是说，它们讲的是儒家，但用好了的是法家。这就叫"外儒内法"，或如汉宣帝所谓"霸王道杂之"。还有一种更周到的说法，"外儒内法，济之以道"。就是说，君主能否把儒家、道家和法家的思想都结合好、运用好，这是决定国运兴衰的根本。在这里面，儒家思想和道家思想都是古人经常放在台面上讲的，唯独法家思想似乎放不到台面上，讲得很少，所以本节只讲了一个"狠"字，来点一下这个题。

怎样跳出治乱循环

　　之前所讲的国运兴衰的历史经验，如果能被充分借鉴并运用到国家治理实践中，必能促进富国强兵，使国运兴盛。然而，怎样保持兴盛，实现国家的长盛不衰、长治久安？这个问题似乎很难回答，历史上没有哪个朝代哪个国家能做到长盛不衰，长的，也不过几百年，短的，十几年就完了。正所谓，**百代兴亡朝复暮，江风吹倒前朝树**。

　　说起来也正常，月盈则亏，日中则昃，世间万事万物都是盛极而衰，这是自然规律，似乎无法超越。可问题是，一个国家、一个王朝一旦衰败，后面就是天下大乱，生灵涂炭，无数老百姓都会死于战乱和饥荒。这也正常吗？历史的周期率真的不可超越吗？而现实就是这样的，纵观整个中国古代历史，所谓天下大势，最明显的特征是治乱循环。

　　《谷园讲通鉴》是从战国开始讲的，"战国"，顾名思义，可以想见那是怎样的世道。虽然从思想文化方面讲，那是一个百家争鸣、星光闪耀的时代，但老百姓们真没过过什么好日子。战国七雄争霸，你打我，我打你，今天合纵，明天连横，都是举国之力、全民皆兵。比如，一个长平之战，赵国仅被坑杀的俘虏就有40万人，此前战死的人恐怕也有十几万；秦国大致战死了20万人，以至于大将白起对秦王说：

秦虽胜于长平，士卒死者过半，国内空。

——《资治通鉴·周纪五》

赵国就更空了，只剩下了老弱病残，以至于旁边的燕国要来趁火打劫。而赵国人也实在能打，大将廉颇就是带着这些老弱病残，将燕军击退的。这也可见赵国的军事动员能力之强，但凡能上战场的，肯定都上去了。

就这样，从公元前403年打到了公元前221年，秦国一统六国。这中间，不知道死了多少人。据《中国人口史》，至少直接战死了300万人。这个数字恐怕太保守了。

接下来，一统天下的秦始皇，肯定希望以后不要打仗了，希望长治久安，于是他把全国各地的兵器都收缴了上来，铸成了十二个大铜人。

收天下兵，聚之咸阳，销以为钟镐，金人十二，重各千石。

——《史记·秦始皇本纪》

那么，以前为什么打仗？而且打了那么多年？秦始皇认为，根本原因在于周朝实行的分封制。它把国家分封成若干个诸侯国，既有姬姓同宗的，也有异姓功臣的，这些诸侯国一开始都能听命于周天子，相安无事，可时间稍微一长，就开始互相打，互相兼并，于是就天下大乱了。打完了"春秋"，打"战国"，打了那么多年。最后，周朝灭亡，换成了秦朝。所以，秦朝不想重蹈覆辙，就必须变法，不能再实行分封制，改成郡县制，这样一来，没有诸侯国了，只有一个皇帝，谁还跟谁打？

结果，没有诸侯国之间打，老百姓起来打。秦始皇一死，立马天下大乱。公元前209年，陈胜、吴广打响了"第一枪"，群雄逐鹿，楚汉争霸，一直打到公元前202年，项羽自刎于乌江，刘邦终于又一统天下。

这中间又死了多少人呢？据西晋皇甫谧著《帝王世纪》说：

民之死伤，亦数百万……五损其二。

——《帝王世纪》

秦末汉初的这七八年战争中死伤了数百万人，大致五个人里就死了两个。这是多大的灾难。

接下来，刘邦当然也希望不打仗了，希望长治久安。他也进行变法，把前面周朝和秦朝的经验进行了综合，既有分封制又有郡县制。在他的分封制里不能有异姓诸侯王，韩信、彭越、黥布等都得灭掉，只有最弱小的长沙王吴芮不足为患，还留着，其他的诸侯王都是他的兄弟子侄们，都有很大的封地。同时，皇帝手里直接控制着大量郡县。这样，通过家族血缘来维系各诸侯国，共同维护中央皇权，形成所谓"深根固本"的局面。

这样的制度设计，起初效果还不错，当吕氏想在长安夺取皇权时，慑于各地诸侯王的压力而不敢动手，最后被陈平、周勃制住，并迎立了汉文帝，度过了一次皇权危机。

然而，随着时间的推移，家族血缘关系日渐疏远，矛盾日渐累积，到汉景帝时就爆发了"七王之乱"，刘邦的侄子吴王刘濞带着一帮刘姓诸侯王反叛，声称"请诛晁错，以清君侧"。汉景帝吓坏了，赶紧把晁错杀掉，仍不管用，"七王"实际就是要推翻他。幸好，汉文帝此前便有所准备，留给他一员大将，即周勃的儿子周亚夫。周亚夫太厉害了，带兵平定了"七王之乱"，度过了这次危机。

然后，**到汉武帝时，他要解决诸侯国尾大不掉的问题，采纳主父偃的建议，发布了推恩令**。此前，各诸侯王死后便由他的一个儿子继承，国还是那么大的一个国。推恩令把这个规矩改了，所有的诸侯王死后，他有几个儿子，就把这个诸侯国分成几份，每个儿子都得一份。这样就很平稳地把那些强大的诸侯国给化整为零了，不再对中央皇权构成威胁。

结果，外戚又起来了。最后，外戚王莽不费吹灰之力就篡夺了刘姓皇权。当时，刘姓宗室的这帮诸侯王们早已有名无实，根本无力制衡，甚至好多都还给王莽献符瑞——欢迎篡汉！

王莽建立了新朝，当然也希望长治久安。他对于实行分封制抑或郡县制都没有兴趣，他要全面改革，按《周礼》托古改制，实行王田制，废奴，实行"五均六筦"，类似于社会主义国家。

结果，新朝比秦朝败得还要惨，虽比秦朝多苟延一年——秦朝十四年、新朝十五年，可是，秦朝起码是秦始皇死后才乱套的，王莽自身则被绿林军砍了脑袋。

然后，在这次天下大乱中，绿林军、赤眉军、铜马军、隗嚣、公孙述、张步、彭宠等，以及刘秀的汉军，又是一通乱打，从公元22年打到了公元36年，才渐渐安定。

这中间死了多少人呢？东汉学者应劭有个记载：

世祖中兴，海内人民可得而数，裁十二三。

——应劭《汉官仪》

就是说，刘秀统一天下时，可以统计上来的人口只有西汉的2/10或3/10，7/10或8/10的人死掉或逃荒不在籍。西汉后期的人口大约是6500万，7/10就是4550万，也就是说，两汉之交的这场战争中，有4550万人生死不明，这是多大的灾难。

再后来，刘秀当然也希望长治久安。他严防诸侯王，实行了一次"诸侯宾客案"，杀掉几千人。整个东汉，诸侯王都没有问题。同时，刘秀更严防外戚，他的儿子汉明帝也是严防外戚，给外戚"四小侯"办专门的"培训班"。

结果，外戚还是起来了。先是外戚窦宪起来了，当时的大臣们都想管他喊"万岁"了，所幸的是，只有十四五岁的小汉和帝竟然出其不意地把他给灭了，稳住了皇权。然后外戚梁冀又起来了，他毒死了汉质帝。而且，太监作为一支新的力量也起来了，他们好几次杀掉了外戚，还废立皇帝，汉顺帝就是太监立的。最后，外戚何进想杀掉太监，却没有信心，于是，调董卓带军队到洛阳来给自己壮胆。结果，太监杀了何进，袁绍杀了太监，董卓吓跑了袁绍，废少帝拥立汉献帝，东汉由此名存实亡。

然后，又是天下大乱。又是张角的黄巾军，又是各路军阀，曹操、刘备、孙坚等都起来了。一下子，三国、两晋、南北朝，五胡十六国，中间打了无数次仗，战争连着战争，直到隋文帝杨坚统一中国，一共乱了差不多400年。

三国时期可能是中国人最津津乐道的一段历史，可大家知道那时有多少人死于战乱吗？《三国志》里记载了一个数据：

是时天下户口减耗，十裁一在。

——《三国志·魏书·张绣传》

就是说，三国时期可以统计的人口，只有东汉的1/10。现在好像挺多人都喜欢曹操，说曹操不是奸雄，而是大英雄。而真正史书记载的曹操，就如上节所说，他曾数次疯狂屠城，也曾坑杀数万降军。按一般说法，三国时期的中国全部人口只有1500万，跟现在天津市的人口差不多。

后面的情况，在此不细说。隋朝之后，每个朝代二三百年，改朝换代时都要死无数人。直到清朝后期，一个太平天国运动死了多少人呢？有资料说几千万，也有说上亿的。这个数据，我不知道他们是怎么统计的，不过，这方面的情况，我在《曾国藩全集》里面确实看到不少。曾国藩在1861年写给朋友的信里有这样一段：

舒、庐、六、寿、凤、定等处，但有黄蒿白骨，并无民居市镇，或师行竟日，不见一人。鲍军在南岸经行东流、贵池，亦复如是。

——咸丰十一年十二月初十日《复郭意城》

在1863年写给另一个朋友的信里，曾国藩说：

皖南被兵最久，白骨如麻，屠人互市，或百里不见炊烟。

——同治二年八月廿二日《复严仙舫》

"屠人互市"是什么意思？意思就是：我家的人肉，你吃；你家的人肉，我吃。还是在1863年，曾国藩在一篇日记里记载：

皖南到处食人，人肉始买三十文一斤，近闻增至百二十文一斤，句容、二溧八十文一斤。荒乱如此，今年若再凶歉，苍生将无噍类矣！

——同治二年四月廿二日

人肉都是明码标价的！

中国史书里有大量"人相食"的记载。每次天下大乱，都会有"人相食"，人吃人。《谷园讲通鉴》第173回专门讲过《后汉书》第三十九卷里的几段相关记载，让人触目惊心。而相对于后来的一些记载，这些还都是小儿科。比如，在隋唐之间的战乱中，有个叫朱粲的军阀，《资治通鉴》第一百八十七卷里这样写他：

朱粲有众二十万，剽掠汉、淮之间，迁徙无常，攻破州县，食其积粟未尽，复他适，将去，悉焚其余资。又不务稼穑，民馁死者如积。粲无可复掠，军中乏食，乃教士卒烹妇人、婴儿啖之，曰："肉之美者无过于人，但使他国有人，何忧于馁！"隋著作佐郎陆从典、通事舍人颜愍楚谪官在南阳，粲初引为宾客，其后无食，阖

家皆为所啖。愍楚，之推之子也。又税诸城堡细弱以供军食，诸城
堡相帅叛之。

——《资治通鉴·唐纪三》

这真是没法翻译成白话文，太恐怖了。真是"地狱空荡荡，魔
鬼在人间"。男人留着打仗，妇女、儿童全部充作军粮。可怜这位
颜愍楚，他父亲就是著名的《颜氏家训》的作者颜之推，有这家训
教着，这得是多好的人，结果全家都被魔王朱粲给吃了。

到唐朝末年天下大乱时，又有个叫秦宗权的魔王，他更残忍。
《旧唐书》这样写他：

贼既乏食，啖人为储，军士四出，则盐尸而从。

——《旧唐书·秦宗权传》

他是把人放盐腌起来，放着随时吃。

这时期还有一个著名的说法——两脚羊。鲁迅先生文章《"抄
靶子"》里讲到了"两脚羊"：

黄巢造反，以人为粮，但若说他吃人，是不对的，他所吃的物
事，叫作"两脚羊"。

——鲁迅《"抄靶子"》

关于这方面，鲁迅还有更著名的话写在《狂人日记》里。

下面，还接着曾国藩这个时期说。喜欢书画的人都知道清末
民初的大师吴昌硕，他在青年时期就经历了太平天国运动（1851—
1864年）。他的传记中记载，他的家乡浙江省安吉县鄣吴村有4000

多人，战乱中，村民都出去逃难，直到1864年战争结束，逃难的人们陆续回村，一共回来了25人。当然，可能有在外安家的，那应当是少数，一个村子的人绝大多数都死了。吴昌硕家有七口人，母亲、妻子、弟弟、妹妹都死了，只剩下他和父亲两人。

那么，这样的**历史会不会重演呢？怎样才能实现长治久安呢？**

古人当然也会思考这个问题，《谷园讲通鉴》第238回讲过，三国学者仲长统写在《昌言》中的一段感慨：

> 昔春秋之时，周氏之乱世也。逮乎战国，则又甚矣。秦政乘并兼之势，放虎狼之心，屠裂天下，吞食生人，暴虐不已，以招楚、汉用兵之苦，甚于战国之时也。汉二百年而遭王莽之乱，计其残夷灭亡之数，又复倍乎秦、项矣。以及今日，名都空而不居，百里绝而无民者，不可胜数。此则又甚于亡新之时也。悲夫！不及五百年，大难三起！中间之乱，尚不数焉。变而弥猜，下而加酷，推此以往，可及于尽矣。嗟乎！不知来世圣人救此之道，将何用也？又不知天若穷此之数，欲何至邪？
>
> ——《后汉书·仲长统传》

大意跟本节前面所讲差不多，他说：春秋是周王朝的乱世，战国更是乱世。秦灭，楚汉争霸，又是乱世。王莽之末，还是乱世。而今，乱世又来了。乱世的灾难一次比一次深、一次比一次重、一次比一次惨烈。以此可以推知，后面的乱世也将不断地出现，也将一次比一次深、重、惨烈。

这可怎么办？有没有来世的圣人可以救万民，脱离这种乱世循环？这种循环，要何时才能终止？仲长统没有答案，所以很苦闷，便逃避到老庄的空虚思想之中求解脱，这也是我们理解魏晋思想的一个逻辑。

然后，明代著名才子方孝孺也写过一篇《深虑论》来分析这个问题。他主要是站在君主的角度，分析为什么历代君主都那么聪明，用了那么多制度设计和其他手段，却仍然不能避免陷入乱世亡国的结局。他的结论是：

盖智可以谋人，而不可以谋天。

——方孝孺《深虑论》

意思是，人算不如天算，君主必须"自结于天"，努力得到上天的保佑，才能避免这个结局。

是不是有些离谱？现代人肯定难以接受这种说法。这个问题，后面再讨论。

接下来，我想说一下自己对这个问题的思考。我特别认真地思考这个问题，是在《谷园讲通鉴》讲到了东汉开国的时候。此前讲的内容中已经有过三轮天下大乱：战国，天下大乱；秦末，天下大乱；新莽末，天下大乱。每一轮都是死人无数的大浩劫。

有一天，我坐车走在河南省的国道上，两边是无边的麦田，中间是几个农民在辛勤劳作。那一刻，我的心里忽然很感动，而且差点掉了泪。为什么？因为，我天天读历史、讲历史，整个身心俨然沉浸在历史的"元宇宙"里，眼前这无边的麦田，正是历史里的中原战场。

刘邦打项羽，曹操打陶谦、打吕布都在这里，这里无数次田园荒芜，白骨露于野，而今天一派祥和安宁，太平盛世，多好啊！所以，我必须找出那个问题的答案来。而二十四史和《资治通鉴》里似乎都没有现成的答案，我得自己想，半夜睡不着时也会想。终于想出来了，一下子豁然开朗。

怎样才能避免这些王朝更迭的战乱浩劫呢？答案很简单——民主。一旦可以用民主选举来解决国家问题与社会矛盾，谁还会冒着生命危险，拿起刀枪，使用暴力，发动战争来解决呢？当然，战争还可能因为外国的入侵，这个另说。中国历史上那些毁灭性的战争，主要还是内战。民主可以避免内战，这就是答案。

当我想出这个答案时，才猛然想起近代史里那个广为熟知的"延安窑洞对"，其实我们的前辈们早已把这个问题讲得清清楚楚了。原来，历史里明明白白地写着答案，只是我给忘了。那是在1945年，日本即将战败，黄炎培等一批民主人士应邀到延安访问，与毛主席在窑洞中曾作深入交谈。事后黄炎培出版《延安归来》，记载：

有一回，毛泽东问我感想怎样？我答：

我生六十多年，耳闻的不说，所亲眼看到的，真所谓"其兴也浡焉，其亡也忽焉"，一人，一家，一团体，一地方，乃至一国，不少单位都没有能跳出这周期率的支配力……一部历史，"政怠宦成"的也有，"人亡政息"的也有，"求荣取辱"的也有。总之，没有能跳出这周期率。中共诸君从过去到现在，我略略了解的了。

就是希望找出一条新路，来跳出这周期率的支配。

毛泽东答：我们已经找到了新路，我们能跳出这周期率。这条新路，就是民主。只有让人民起来监督政府，政府才不敢松懈；只有人人起来负责，才不会人亡政息。

——黄炎培《延安归来》（据国家行政管理出版社2021年6月出版的版本第60页，其中省略号表示笔者所作删节部分）

多么经典的论述！毛主席说，走民主之路就可以跳出治乱循环的历史周期率。所以，无数先烈抛头颅、洒热血而进行的革命事业，叫民主主义革命。不论是旧民主主义革命，还是新民主主义革命，总之是为求民主而革命。无数革命先烈以他们的流血牺牲，换取未来的中华民族不再有流血牺牲。

所以，我们的社会主义核心价值观的第二条就是民主。而第一条是富强，要富国强兵，只有富国强兵，才能避免外部强加给我们的战争。落后就要挨打，是历史给中国人民最惨痛的教训。真正做到了富强、民主，中华民族就不会再被战争摧残，就能长治久安。这样，以中华民族的勤劳、智慧，就一定能过上全世界最美好的生活。

那么，怎样理解中华民族呢？这是另一条非常重要的历史经验，下节再说。

民族融合的历史启示

上节讲，中国历史呈现出的一个天下大势是治乱循环，每经乱世都死难无数人，这是历史的阴面。与此同时，在这个治乱循环的过程中还有积极的一面，就是中华民族的融合与发展，这是历史的阳面。

就这个问题，我在2019年9月27日完成了初稿，之所以记这么清楚，是因为当天晚上我开车从单位回家，收听车上的广播，正好听到习近平总书记在全国民族团结进步表彰大会上的讲话。习近平总书记指出：

一部中国史，就是一部各民族交融汇聚成多元一体中华民族的历史，就是各民族共同缔造、发展、巩固统一的伟大祖国的历史。

——习近平《在全国民族团结进步表彰大会上的讲话》

这体现在四个方面：

我们辽阔的疆域是各民族共同开拓的。

我们悠久的历史是各民族共同书写的。

我们灿烂的文化是各民族共同创造的。

我们伟大的精神是各民族共同培育的。

———习近平《在全国民族团结进步表彰大会上的讲话》

真可谓高屋建瓴，句句都讲到了我的心里。而且，在那么简短的讲话里，在每个方面都还举出了很多生动而重要的历史事例。了不起！

接下来还讲我个人读史的体会。首先，读者可在网上搜索唐代大画家阎立本画的名画《步辇图》。画中端坐的人物就是一代明君唐太宗李世民。

阎立本作画以写实著称，世人以"丹青神话"盛赞其传神写形之逼真，而且，他长期在唐太宗身边工作，对唐太宗非常熟悉。所以，这幅画中的唐太宗与其真实相貌应是高度吻合的。那么，唐太宗的相貌有什么特点呢？

我眼拙，看不出什么来。而启功先生一眼就看出来了，唐太宗的胡子很有特点，是向上弯曲的，两边翘起，据说还特别硬，甚至可以挂住一张弓。这是什么特征？启功认为，这是当时少数民族的特征，唐太宗李世民应是西北少数民族的后裔。

启功先生不只是大书法家，更是学者，是史学四大家之一的陈垣的得意门生。而陈垣先生的代表作之一就是研究少数民族融入中华民族历史的《元西域人华化考》。启功作为少数民族人，对这方面的历史自然会多加留意。1983年，他在新疆作过一场《少数民族文化与中华文化的关系》报告，上述对唐太宗的论述即出自其中。

在这场报告里，他还指出，大诗人李白可能是鲜卑族人后裔；大书法家米芾、大画家倪云林也都是少数民族人，米姓和倪姓都属于昭武九姓，他们的祖先应当都是从中亚过来的；还有好多历史人物都是少数民族人。

在这场报告里，他还全面论述了在音乐、雕刻、绘画、语言、文学等中华文化各门类中都有着很多少数民族的贡献。比如音乐方面，著名的曾侯乙编钟代表着战国早期中国乐器的最高成就。而它的制作者应当是楚国人，是楚国国君送给曾侯乙的，楚国当时是被称为蛮夷的，《史记》里有两处提到楚国国君甚至自称"我，蛮夷也"，他们属于少数民族。

另外，像羌笛、胡琴、二胡，顾名思义，都是少数民族发明的乐器。而唐宋两朝的皇家乐队在皇室演奏的音乐多是龟兹乐，也是来自西域少数民族的音乐。

雕刻方面，像著名的龙门石窟、云冈石窟等，都是北魏少数民族领导着雕凿的。

书画方面，早期的敦煌壁画也是北魏少数民族画的。大书画家里面除了米芾、倪云林外，还有尉迟乙僧、康里巎巎、高克恭等也都是少数民族人。

在语言、文学方面，著名的语言音韵学家陆法言是鲜卑族人，清朝的大词人纳兰性德是满族人，等等。

金庸先生也有这方面的论述，他写过一篇《我的中国历史观》，总结了中国历史上发生的几次大规模的民族之间的战争，包括先秦时期，对所谓四夷（东夷、西戎、北狄、南蛮）的战争；秦汉时期，对匈奴的战争；魏晋南北朝时期，所谓的五胡十六国的战争；隋唐时期，对突厥、吐蕃的战争；五代、南北宋时期，对契丹、女真、西夏的战争；元、明、清时期，对蒙古、满族的战争；等等。他认为，这些战争固然是生灵涂炭的大浩劫，但也常常是民族发展的大转机。因为打来打去，就打成了一家人，最终都融合在了一起，使中华民族更加壮大。

下面，我对两位先生所述稍作补充。

我们最早期的文明遗址都不在中原地区，著名的红山文化、石峁古城遗址、良渚文化等都在中原地区以外。

现代学者多数认为，人类可能最早起源于非洲大陆，甚至有一个共同的女性祖先，今天世界上七十多亿人的基因都能追溯到她，简直就是中国神话里的"女娲娘娘"。

然后，据史书记载，中华民族的祖先是黄帝和炎帝，而黄帝和炎帝可能是两个不同的民族。有学者甚至认为，黄帝代表游牧民族，炎帝代表农耕民族，也是因为战争，从而融合成一个民族。

再后面，夏、商、周三朝更迭。其中周灭商，很明显是西部民族入主中原。《史记·周本纪》载，周民族的祖先公刘**"在戎狄之间"**，他的国都幽远在中原之外。周民族在得到中原政权之后，宣称他们的始祖是后稷，是尧帝的大臣，后稷的儿子不窋因被罢官，才**"奔戎狄之间"**。这可能是统治者自我美化的套路。

再后面，秦国更是一直被中原各国当作异族。

皆以夷翟遇秦，摈斥之，不得与中国之会盟。

——《资治通鉴·周纪二》

楚国也是如此，如前述其国君都自称"我，蛮夷也"。《史记·天官书》中载：

秦、楚、吴、越，夷狄也。

——《史记·天官书》

秦国、楚国、吴国、越国都是夷狄，是异族。这样的话，项羽作为楚国的贵族，自然也是"夷狄"；刘邦老家沛县也属楚国，他也算是楚人，他手下的萧何、曹参等也都是楚人，那么，他们也算是异族吗？那样，汉朝岂不也成了少数民族的政权？汉族，何谓也？

南北朝时期，整个北方的所谓"五胡十六国"基本都是少数民族政权。然后，大一统的隋、唐两朝都是在这个基础上建立起来的。隋文帝杨坚以怕妻子著称，而他的妻子独孤皇后就是鲜卑族人。唐太宗李世民，如前述，他可能是少数民族人。他的妻子长孙皇后也是鲜卑族人。如果按照我们以往的户口登记惯例，儿子的民族一般随母亲，隋唐政权就都是少数民族的政权了。

元朝和清朝都是北方游牧民族入主中原的大王朝。清朝的康乾盛世可以说是中国古代历史上最强盛的时期，至少在人口上是最多的，康熙皇帝也可以说是古代历史上最了不起的皇帝。曾国藩评价他：

凡前圣所称至德纯行，殆无一而不备。上而天象、地舆、历算、音乐、考礼、行师、刑律、农政，下至射御、医药、奇门、壬遁，满蒙、西域、外洋之文书字母，殆无一而不通，且无一不创立新法，别启津途。

——曾国藩《〈国朝先正事略〉序》

康熙既好学，又能干，又没有什么道德方面的亏欠。

今天我们中国的疆域大致是在清朝的基础上继承而来的，接近于历史上最广大的疆域，远超秦、汉、宋、明。

还有一个关于民族融合的有意思的视角，就是吃。中国人最讲究吃，属实"舌尖上的中国"，各种吃法、各种食材，数不胜数。而现在我们平常吃的很多东西，都是古人吃不到的，朝代越靠前，好吃的东西越少。

若是跟孔子一起周游列国，路上渴了，想弄个西瓜解解渴，肯定弄不着，因为西瓜是宋朝才传进来的。想弄根胡萝卜嚼一嚼行不行？也不行，胡萝卜也是宋朝才传进来的。弄个西红柿啃两口行不行？也不行，西红柿也是后来才有的。

另外，葡萄、核桃、苹果、菠萝、香蕉、茄子、黄瓜、花生、瓜子、红薯、土豆、洋葱、大蒜、辣椒、胡椒、香菜、菜花、木瓜、草莓，还有烟草，等等，都是自汉朝至清朝从世界各地陆续传进来的，很多都是经过西域少数民族的手传进来的。

关于民族融合的历史情况大致如此，从中可以得到怎样的启示呢？

我认为，首先是民族平等观。用习近平总书记的话讲就是：

大汉族主义和地方民族主义都是民族团结的大敌，要坚决
反对。

——习近平《在全国民族团结进步表彰大会上的讲话》

不能有大汉族主义。今天，我们中华民族是由56个民族共同组
成的，是一种多元一体的格局。著名学者费孝通先生曾专门论述过
这种"多元一体"，他认为：中华民族并不是把56个民族加在一起的
总称，而是56个民族已经结合成了相互依存的、统一而不可分割的整
体，都已经具有了高层次的民族认同，有着休戚与共、共荣辱共命运
的感情和道义。

简单讲，汉族和各少数民族之间不存在主客关系，各民族都是
我们国家的主人，都是中华民族的一分子。

事实上，虽然今天约百分之九十一的中国公民户口本的"民族"一
栏里都写着"汉族"，但很难说清有多少人一点儿少数民族的血统
也没有。

要注意的是，在各民族之间存在着一些生活方式、宗教信仰、
饮食习惯等方面的差异，各民族各有独特的传统。怎样看待这种差
异呢？费孝通先生讲得特别好：

各美其美，美人之美，美美与共，世界大同。

他这句话本是讲世界各民族关系的处理的，也适用于中华民族
内部各民族关系的处理。各民族要"各美其美，美人之美"，既以
本民族的文化传统而自豪，又能尊重其他民族的文化传统。这样，

大家互相尊重，互相欣赏，最终就能世界大同，实现全世界各民族的融合、发展、进步。

这不只是对人类未来的美好期望，实际也是大势所趋，是天下大势。这个问题，下节还会展开。

正所谓，**顺天者昌，逆天者亡**。民族融合的历史给我的另一条启示就是，顺应这种天下大势，秉持开放包容的观念和政策，通常会促进国家和民族的进步。

再看《步辇图》，左边站着三个人，中间这位从相貌服饰上看，明显不是中原人，他是来自吐蕃的使者禄东赞。站在他前面的穿红衣服的是礼宾官；站在他后面的穿白衣服的是翻译官。整幅《步辇图》其实是在展示唐太宗接见这位吐蕃使者禄东赞的场面。这是一个具有历史意义的场面，就在这次会见中，唐太宗接受了吐蕃的和亲请求，把文成公主嫁给了吐蕃王松赞干布，这对于藏族融入中华民族，意义深远。

唐太宗对于处理与少数民族及藩属国的关系，是颇为自得的。史书记载，他曾跟大臣讲：

> 自古帝王虽平定中夏，不能服戎、狄。
>
> ——《资治通鉴·唐纪十四》

意思是，此前历史上的明君圣主只能平定中原，而不能使匈奴、西羌等少数民族真正臣服，而我李世民做到了。这是为什么呢？主要的一点原因在于：

自古皆贵中华，贱夷、狄，朕独爱之如一，故其种落皆依朕如
父母。

——《资治通鉴·唐纪十四》

因为，前代君主总是把所谓的中国人和外国人截然对立起来，
一分为二，泾渭分明。而我是开放包容的，一视同仁，不分什么亲
疏远近，不管你是什么民族出身，都可以在我大唐为官为相，甚至
可以经商办企业。所以，各周边藩属国、各少数民族都把我当作自
家人，管我叫"天可汗"。

历史证明，唐太宗开放包容的民族政策，使得包括外国人在内
的各民族人才都能参与到帝国各方面的事业中来，有力促进了国力
提升，达到了中国历史上的鼎盛时期。

此前，秦国之所以能够灭掉六国，一个很重要的原因也在于
此。像商鞅、范雎、张仪、吕不韦、李斯等秦国的社稷重臣，当时
都算是外国人。大将蒙恬的爷爷蒙骜原本是齐国人，来到秦国后，
与儿子蒙武、孙子蒙恬三代都是名将，战功卓著。

唐朝的国力不仅远超前代，也是同时期世界上其他国家远远比
不了的。有学者分析，唐朝的GDP占到当时全世界的58%，人口占全
世界的36%，绝对是最强大、最富有的国家。

然后，宋朝虽然军事不济，疆域较小，但GDP仍然远远地领先
世界，人民生活也富裕。就像网友调侃的：武大郎一个卖烧饼的都
能住上临街小楼。

元、明、清，至少在清中期以前，中国的GDP一直都领先
世界。

再然后，就落后了，就挨打了，鸦片战争开启了中国遭受列强欺压的近代史。

为什么落后了呢？因为，在1765年左右，原本相对落后的西方国家悄然开始工业革命，开始超越正沉浸在"康乾盛世"的中国，于是很快就超越了。

美国历史学家斯塔夫里阿诺斯在《全球通史》中分析中国由领先世界转为落后的问题时，提出了一个"受阻滞的领先原则"，类似俗话讲的"三十年河东，三十年河西""风水轮流转"。该法则认为：

最具适应性、最成功的社会要在转变时期改变和保持自己的领先地位，是极为困难的。相反，不太成功的落后社会更有可能适应变化，突飞猛进。

——斯塔夫里阿诺斯《全球通史》

意思是说，历史上，中国长期领先于世界的情况，使中国人自认为是天朝上国，制度、文化、经济都具有优越性，视外国都是落后的蛮夷小邦，视外国科学技术成果为炫人耳目的奇淫巧技，不屑一顾。

这还是开放包容的观念吗？不是了，因为领先而自满，因为自满而封闭。

当西方在酝酿和开始进行工业革命时，中国明清两朝却是封闭状态。

其间有一个著名的历史事件，就是郑和七下西洋。郑和七下西

洋前后历时近三十年，行经三十多个国家和地区，最远到达了非洲
的红海。史书记载，仅第七次下西洋的水手、船工就有两万七千多
人。这绝对是人类航海史上的壮举，也是中国历史上主动对外交往
的一次壮举。然而，讽刺的是，整个"下西洋"活动，自始至终都
跟明朝的一项大国策——海禁有着直接关系。

海禁政策是从明太祖朱元璋开始的。《明史》记：

> 明祖定制，片板不许入海。

——《明史·朱纨传》

不许任何船只下海。

为什么实行海禁？从史料中看，为的是防备倭寇，减少走私犯
罪等。之所以派郑和下西洋，本意也是治倭寇，肃清东南亚小国前
来朝贡的通道，是纯官方的航海活动。民间老百姓是严禁下海的。
"下海"这个词今天仍带着几分冒险意味，跟海禁政策可能有点关
系。郑和死后，这种官方的"下海""下西洋"被一些士大夫批评
劳民伤财，也给停了。从此，明朝完全进入闭关锁国的状态。

然后，清朝沿袭海禁政策，继续闭关锁国。当西方工业革命的
蒸汽机轰隆隆开起来的时候，清政府茫然无闻，短短几十年过去，
便大大地落后于西方了。接着便是两次鸦片战争，清政府都失败
了，国运衰落。这时候，清政府怎么办呢？开始搞洋务运动，要打
开国门看世界，向西方学习，争取"师夷长技以制夷"。

其间，清政府的两大重臣曾国藩和李鸿章之间曾有过一封信，
挺有意思。当时，李鸿章刚刚崭露头角，独当一面，带着新创立的

淮军开赴上海，去对抗太平天国。英、法等列强为了保护他们在上海的利益，跟李鸿章之间便有联合。对此，曾国藩写信给李鸿章：

与洋人交际，其要有四语：曰言忠信，曰行笃敬，曰会防不会剿，曰先疏后亲。忠者，无欺诈之心；信者，无欺诈之言。笃者，质厚；敬者，谦谨。此二语者，无论彼之或顺或逆，我当常常守此而勿失。

——曾国藩同治元年四月廿日《复李少荃中丞》

在当时举国对英、法列强持强烈敌视的情况下，曾国藩竟教李鸿章对待洋人要"言忠信，行笃敬"，要讲诚信，要有恭敬之心。这是不是典型的卖国贼、软骨头的表现呢？在所谓的"清流"眼中，可能是这样的。不过，在真正对那段历史有着清醒认识的人们眼中，曾国藩的态度实属难能可贵。

"言忠信，行笃敬"本是孔子的话。

子曰：言忠信，行笃敬，虽蛮貊之邦行矣。

——《论语·卫灵公》

意思是，一个人只要讲诚信，对人秉持恭敬之心，那么，他跟什么人打交道都没问题，不论对方是中国人，还是外国人，还是所谓的蛮夷，都没问题。孔子虽然这样讲，但未必有过这样的实践。而曾国藩、李鸿章是真正这样实践的。后来，李鸿章被西方称赞为"东方俾斯麦"，据其幕僚吴永《庚子西狩丛谈》记载，晚年的李鸿章曾亲口对他讲，他办洋务运动，靠的正是曾国藩这封信的"一言指示之力"。

在我看来，"言忠信，行笃敬，虽蛮貊之邦行矣"正体现了一种平等观，一种开放包容的胸怀。这种平等观和开放包容的胸怀，正是中国历史在民族融合方面形成的重要经验。所以，我们的社会主义核心价值观在社会层面，特别强调平等和自由。

开放包容的本质是尊重和维护自由，包括贸易自由、婚姻自由、信仰自由、迁徙自由，自由地思想、自由地创造、自由地生活。总有一些人跟你不一样，让你看不惯，但你能以开放的胸怀来包容——看得惯就不叫包容了——正所谓，各美其美（我很美），又能美人之美（你这样也挺美），这样美美与共（大家都美），也就世界大同了，也就从中华民族的融合进一步上升到了世界民族的融合。

那么，世界民族的融合，这个大势具体是怎样的呢？下节再说。

怎样避免世界毁于战争

如前述，中国历史呈现出的天下大势为治乱循环和民族融合。在此背后还有一个民心所向的天下大势，即大一统。孔子著《春秋》开篇第一句便讲大一统：

元年春，王正月。

——《春秋·隐公元年》

这六个字何以是讲大一统呢？《春秋》微言大义，想知其大义须读"春秋三传"，即《公羊传》《谷梁传》《左传》，其中《公羊传》指出：

何言乎王正月？大一统也。

——《春秋·公羊传》

意思是，由"王正月"，说明当时的鲁国采用周文王所定历法，即以周为正朔，就表示鲁国只是大一统的周王朝统治下的一个诸侯国。其他的秦国、晋国、楚国、齐国，不论怎样强大，莫不如此，也都是大一统的周王朝统治下的诸侯国。

后世虽然习惯称这个历史时期为"春秋"，称稍后的历史时期为"战国"，但是讲朝代，它们都是周朝。司马光编《资治通鉴》，战国历史都归于"周纪"。"周纪"后面是"秦纪"，秦纪从哪年开始呢？从公元前221年秦始皇灭掉六国统一天下开始吗？不是，《资治通鉴》的"秦纪"是从公元前255年就开始了。因为，公元前256年，周王朝的最后一个所谓的"天子"——周赧王向秦国投降。

赧王入秦，顿首受罪。尽献其邑三十六，口三万。

——《资治通鉴·周纪五》

当年，周赧王崩，周王朝正式灭亡。所以，从公元前255年开始就以秦为正朔，算是秦朝了。

然后，《资治通鉴》的"汉纪"是从公元前206年秦王子婴向刘邦投降，秦朝灭亡这时候开始的。

汉朝之后本是三国鼎立的状态，《资治通鉴》却没有"三国纪"，而是从公元220年开始称为"魏纪"。这一年，曹丕接受汉献帝的禅让，做了皇帝。

当时，刘备一听说，立马烦了：什么？曹丕当皇帝，他是君，我是臣？没门，我也要做皇帝，我是君，他只是个反贼！诸葛丞相，咱去讨伐他！

随后，孙权也即皇帝位：我才是正统，你们都是反贼、逆贼。

这样讲有点演绎，但意思不差。刘备不会想，"你做魏的皇帝，我做蜀的皇帝，他做吴的皇帝"；孙权也不会想，"我做吴的皇帝，你们各自做魏与蜀的皇帝"；曹丕更不会这样想。他们都要做天下的皇帝，都要对自己实际控制之外的那部分"天下"宣示主权。

就是说，在中国人的心目中，不论"天下"实际分裂成什么样子，也只能有一个正统的皇帝，维系着天下的大一统。所谓，"普天之下，莫非王土；率土之滨，莫非王臣"。整个中国疆域只能有唯一个合法的政权，只有一个正统。而司马光结合历史实际发展情况，认为当时这个政权应当是"魏"，所以称"魏纪"。对此，他还提出一个专业的说法——正闰之论，他说：

宋、魏以降，南、北分治，各有国史，互相排黜，南谓北为索虏，北谓南为岛夷。

——《资治通鉴·魏纪一》

意思是，在历史上的分裂时期，比如南北朝时期，各国君主都称自己为正统，只承认自己的政权合法性，其他的要么是反贼、逆贼，要么就是蛮夷，或者其他的贬称。总之，他们都认为，形式上的分裂只是暂时的，只是因为天命、实力等种种原因暂时不能够统一而已。而一旦有时机、有实力，就会立即恢复到实际统一的状态。就像宋太祖赵匡胤讲的，卧榻之侧岂容他人鼾睡。在实力允许的情况下，分裂是不能被容忍的。

《三国演义》开篇讲的"天下大势，合久必分，分久必合"，大体符合治乱循环的天下大势。不过，纵观历史会发现，统一是常态，分裂是非常态。为什么？因为，统一则治，统一状态下人民生活就相对安逸；分裂则乱，一分裂，老百姓就时刻面临战乱的威胁。所以，统一、大一统历来是中国人的民心所向。

从尧、舜、禹，到夏、商、西周，基本都是大一统。东周时逐渐分裂，分裂了就乱，就打仗，春秋五霸、战国七雄互相打。互相打的目标是什么？是合。最终，秦国一统六合，重新回到大一统。然后，两汉400年大一统。然后，又分裂，三国、魏晋、南北朝，又是打仗打得最多的。

而打这些仗的目标还是回归大一统，终于，隋、唐大一统。然后，五代十国又分裂，又互相打，打到北宋大一统。南宋时，又分为南北。后面，元、明、清都是大一统。很明显，大一统是常态，分裂是非常态。

这跟欧洲的情况很不一样。欧洲历史上，罗马帝国算是一个大一统时期，差不多持续了500年，之后一直都是分裂状态。对于他们来说，分裂是常态。所以，战争也是欧洲的常态，第一次世界大战、第二次世界大战都是在欧洲打起来的。

他们想避免战争，所以努力地要建立欧洲共同体、欧盟，要往一起合。但这并不容易，因为他们在历史上分裂是常态，人民的心里根本没有统一的意识。

放眼全球，第二次世界大战结束之后，世界上的局部战争、区域战争一直是持续不断的，新闻里几乎天天都能看到中东等地的一些小国家正在打仗。这些战争已经不是完全意义上的内战了，战争双方或几方背后，各自都有大国的支持。

实际上在局部地区进行的战争，是世界各国都以不同形式参与的战争，只不过是大国之间没有直接撕破脸，没有直接原子弹对原子弹，谁也不敢那样打。而这些局部战争同样造成着巨大的灾难，当地老百姓大量伤亡，流离失所，到处断壁残垣，一片末日景象。网上可以看到海量的战争中军人与平民伤亡的图片、视频，看着都让人落泪。

这世界怎么办呢？战争这个人类历史房间里的大象，一直都在威胁着人类的当下与未来，人类的智慧就不能解决它吗？

我相信，世界上每一个认真思考过这个问题的人，最终都会想到一块儿去，想到同一个解决问题的方向——大一统。

如前述，**中国历史的经验是天下合则治，分则乱**。分裂就会有外部的博弈纷争，有外部战争的威胁，就得打仗。什么时候统一了，成了一家人，也就不打了。当然，还可能有内战的风险，如上所述，这种风险已有化解之道。

以中国历史的大一统经验来解决世界战争的问题，不是我的想当然。二战后西方最负盛名的历史学家汤因比作为亲身经历过两次世界大战的人，目睹战争给人类造成的伤害，反思人类的未来，思考了一辈子，得出的结论就是：

必须剥夺地方国家的主权，一切都要服从于全球的世界政府的主权。

——《展望二十一世纪——汤因比与池田大作对话录》

战争制度只要没有被新的制度即世界政府这种制度所代替，是
不会杜绝的。即或在核能时代，只要现在的一百四十几个地方国家
不从属于统一的世界政府，战争的可能还会继续存在。

———《展望二十一世纪——汤因比与池田大作对话录》

他所谓的"世界政府"，其实就是大一统的形式。

再有，中国近代史上著名的"戊戌六君子"之一的谭嗣同，在
他的传世著作《仁学》中，也有类似的说法：

地球之治也，以有天下而无国也。……无国则畛域化，战争
息，猜忌绝，权谋弃，彼我亡，平等出；……千里万里，一家一
人。视其家，逆旅也；视其人，同胞也。……殆仿佛《礼运》大同
之象焉。

———谭嗣同《仁学·四十七》

大意是，将来有一天，只有天下而没有国家了，自然也就没有
了国家之间的战争，那样就算是实现了所谓的"大同"。

"大同"，就是《礼记》所记孔子所谓"大道之行也，天下为
公"的大同世界。"大同"的"同"字，本身就有着融合同化，消弭分
歧、界限的意思。"天下为公"，天下人为天下，言下之意也就是没有
国家了。

马克思在《共产党宣言》中讲：

代替那存在着阶级和阶级对立的资产阶级旧社会的，将是这

样一个联合体，在那里，每个人的自由发展是一切人的自由发展的条件。

——《共产党宣言》

就是说，最终不再有国家和民族，全世界成为一个"联合体"。

总之，在中国历史上呈现出的"天下大势，分久必合"，也将呈现于未来的世界历史。

从目前的情况来看，这种大趋势还是挺明显的。历史上，世界各个国家，从未像现在这样，彼此紧密地联系。卫星通信、互联网、航空运输等现代科技手段，把全人类整合到了一起，世界已经成为地球村。在经济上都是你中有我，我中有你。我们的衣食住行、休闲娱乐等各种消费，都已经是基于全球化的经济体系了。

中国人的情况是这样的，美国人的情况也是这样的，非洲也是这样的，整个世界已经空前融合，并日益加深融合。那么，这种融合能不能顺利地走下去，最终成为一个彻底摆脱了战争威胁的所谓"世界政府"领导之下的大一统格局呢？汤因比认为，这只能寄希望于中华文化。

首先，得靠文化。历史上的大一统，经常是靠武力，是通过战争来实现的。现在不行了，因为一旦有战争，最终肯定会发展成为核战争，直接就把人类毁灭了，也就没有未来了。必须以和平的方式来实现，这主要依靠两方面的力量。

一是技术方面的力量，也就是能整合全球的科技工业体系，这方面早已经实现了。

二是精神方面的力量，也就是需要一种能整合全人类的文化或文明。从历史的经验来看，其他文明还没有证明它们具备这种长期可持续的整合能力，它们都有着明显的排他性，甚至攻击性，导致多次且很长期的宗教战争。所以，欧洲和中东都没能实现长期稳定的大一统，足见它们缺少这种整合的力量。只有中华文明、中华文化具有这种力量。汤因比说：

（中华文化）在政治、文化上统一的本领，具有无与伦比的成功经验。

他说：以儒教为主的中华文化具有深厚的包容性和整合能力，既实现了儒释道兼容的文化整合，又实现了整个中华民族的整合，在过去的20个世纪中都大致保持着大一统的状态。更为可贵的是，中华文化中的"世界精神"，也就是天下观，它是超越于狭隘的国家和民族观念的，是未来实现世界统一所必需的观念。

汤因比甚至直接引用了宋儒程颢讲的，"仁者，以天地万物为一体，莫非己也"，以及王阳明讲的，"大人者，以天地万物为一体者也，其视天下犹一家"，来说明这种可贵的世界精神。汤因比最终的结论是：

正是因为中华文化留下了这些历史遗产，将使得中国会成为未来"全世界统一的地理和文化上的主轴"。

汤因比讲这些话是在1972年，那时的中国还处在风雨飘摇之中，国家的实力和今天不可同日而语。不得不让人叹服，这位西方历史学家的眼光是多么的了不起！

我们自己的历史学家钱穆先生对于中华文化的这种整合能力，也作过深入的分析。他说，世界上有那么多古老的优秀民族，比如，古巴比伦人、古埃及人、古希腊人、古罗马人都曾经创造出灿烂的文化，可这些民族为什么都没有延续下来？都是发展着发展着就分裂了，化整为零了，或者被消灭了。为什么只有中华民族走到了今天？他认为，他们的问题在于：

> 他们仅完成了第一步骤，即"由民族来创造文化"，而没有完成到第二步骤，即"由文化来融凝民族"。
>
> ——钱穆《民族与文化》

只有中华民族完成了这两大步骤，先是民族创造文化，然后是文化融凝民族。

中华文化这种融凝民族的作用，不但表现在"天下大势，合久必分，分久必合"的常规状态下，更为可贵的是，当中国被特定历史时期所谓的异族统治时，比如元朝和清朝，这种文化融凝的作用丝毫没有减弱。比如，在明亡之后，著名思想家顾炎武就讲：

> 保国者，其君其臣肉食者谋之；保天下者，匹夫之贱与有责焉耳矣。
>
> ——顾炎武《日知录》

意思是，不论是哪个政权、哪个民族统治这个国家，只要中华文化不灭，天下就仍然是那个天下。

事实也是，最终元朝的统治者蒙古族人和清朝的统治者满族人都被中华文化所同化，融入了中华民族。同时，他们也给中华民族、中华文化输入了积极的元素。

另外，在中华文化中，除了"大一统""天下"等政治层面的观念之外，儒家讲的**"君子和而不同""己所不欲，勿施于人""四海之内皆兄弟"**，道家讲的**"无为而治""水善利万物而不争""江海所以能为百谷王者，以其善下之"**，墨家讲的**"兼爱、非攻"**，等等，都是促进人类和平发展、相互包容、相互融合的重要的思想资源。

而且，我们的史学太丰富了，先人们记载下来的这方面的历史案例太多了，这让我们既能讲道理，又能摆事实。比如，《淮南子》记：

故禹之裸国，解衣而入，衣带而出，因之也。

——《淮南子·原道训》

在大禹那时候，我们的天下就有无数个国，各国都有不同的风俗。大禹要治水，要协调各国一起来做成这件事，就得尊重各国的风俗差异。到裸国去办事，就把衣服脱了，出了这个国，再穿上。这就叫入乡随俗。

五千年来的中国，既有统一的中华民族的文化基础，所谓：

《春秋》所以大一统者，六合同风，九州共贯也。

——《汉书·王吉传》

又在各地区、各兄弟民族之间保留着风俗上的差异，所谓，十里不同风，百里不同俗。参差多样，百花齐放。从来都是拜什么神的都有，汉桓帝在宫中设祠，既拜黄老，也拜浮屠。儒、释、道，诸子百家，各有各的空间，中国人是什么有用就用什么。孔子所谓：

无可无不可。

——《论语·微子》

怎么样都行，非常灵活，非常有弹性，大家和而不同，各得其乐，其乐融融，多好啊！不像西方，宗教战争一打就是好几个世纪，不同宗教之间打，同一宗教分裂成几个教派仍然打。

西方文化倾向于一分为二。经过各种一分为二，不断地细分下去，各种学科专业、社会分工便都是这样产生的，这是它的优势。可是，这种一分为二，也容易强调对抗与矛盾。比如，美国政治学家亨廷顿的《文明的冲突与世界秩序的重建》就过分强调世界各国、各民族、各文明之间对抗的一面。他可能代表了西方政治家主流的认识。这种认识，很明显不利于世界和平发展。

人类历史的美好未来是一种高度融合的状态，中华文化对于实现这种未来具有重要的价值。但是，怎样发挥出这种价值，仍然面临很多挑战。

不过，我个人还是挺有信心的，因为这是大势所趋。习近平总书记提出"构建人类命运共同体"的治国理政方针，率先把这个问题推进到了一个可操作的层面。

看过一个小段子。一个西方人到中国来生活，起初，每次到饭店，服务员一上来都先给倒一杯热水，他感觉很不习惯，因为西方人都习惯喝凉水，他都要求换成凉水。过了一段时间后，他的中国朋友发现他变了，他不要凉水了，也跟着喝热水。朋友问他：这是为什么？他回答：舒服。因为喝热水舒服。

舒服的力量是无穷的。中国五千年的文明，虽然没能直接发展出现代科学，但是我们对于衣、食、住、行等生活方面的事情，应当比世界上其他任何国家的人都更在行，比谁都更会享受舒服。包括琴棋书画之类，只要学进去，就能一辈子乐此不疲。中华文化之所以取得过历史上的那些成就，并将在人类的未来中发挥更大的作用，根本原因在于，它能让人活得更舒服，让人活得更美好。

当然，裹小脚并不舒服，我们也要直面自身文化中存在的问题，不断改进，苟日新，日日新，又日新。

信仰篇

一只蚂蚁的生命有什么意义

中国历史有两大宗旨：传承经验和构建信仰。前面讲了经验，接下来讲信仰。二十四史等海量的史书、史料，构建了中国古人怎样的信仰呢？

在回答这个问题之前，要先弄清楚，为什么我们会有这么多史书？

钱穆先生说过：

西方希腊无史，罗马亦无史，中古时期更不能有史。近代三百年左右始有史，由社会私人为之。无一定规模，无共同之理想，亦不有人品之褒贬。其得人重视，亦尚不能追随小说与戏剧。

现在，我们中国的历史好像也已如此，远不如小说、戏剧、电影的影响力大，没几个人正经读史。反而一些小说家成了中国文化的代表。这在古人眼里是不可思议的，小说怎么能跟史书相提并论？小说家怎么能跟历史学家相提并论？康熙教育孩子时就讲，"幼学断不可令看小说"（《康熙庭训格言》），而历史是必须要读的。

马克思说过，印度的历史就是没有历史。季羡林先生提到过，有个印度学者曾给他写信讲：

> 如果没有法显、玄奘和马欢的著作，重建印度史是完全不可能的。
>
> ——《季羡林谈佛》

法显是东晋的高僧，在公元400年左右去印度取经，记载了游历印度的情况，写成一本《佛国记》。过了200多年，唐僧玄奘去印度取经，又记载了印度的情况，写成了《大唐西域记》。又过了800年，明朝马欢随郑和下西洋，记载了沿途各国的情况，其中包括印度的情况，写成了《瀛涯胜览》。注意，马欢是回族，郑和本姓马，也是回族，兹可作为前述民族融合之补充。

法显、玄奘、马欢记载下来的这些关于印度的情况，几乎都是对应历史时期绝无仅有的史料。印度人自己一点儿也没记，因为，他们根本没有历史的意识，他们讲究"活在当下"。

注意，"活在当下"是印度人的思想，是佛教传过来的。中国人本土的观念不是这样的，而是孔子所谓的：

> 人无远虑，必有近忧。
>
> ——《论语·卫灵公》

那么，要考虑到多远，才叫远虑呢？

辛弃疾在诗中讲："了却君王天下事，赢得生前身后名。"他是要考虑到身后——即死后，不是死后一两年，而是一万年。他的"远虑"是考虑自己将会流芳百世还是遗臭万年。

一般小人物的"远虑"没有这么远，但也要考虑，在死后给儿

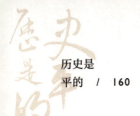

孙们留下个好名声，不要像秦桧那样让儿孙无颜面。即便留不下多好的名声，不能让儿孙们引以为荣，也要争取给儿孙们积点阴德，或留点家业，让儿孙们有所赓受，最好能一代代地传下去。我们看出土的商周时期的青铜器，凡是上面有铭文的，最后一句多数都是说，希望"子子孙孙永宝用"。

这是一个什么问题？这是一个人生观的问题，是对人生、对生命的认识的问题。这些青铜器铭文"子子孙孙永宝用"，反映出当时的中国人把"子子孙孙"看得很重，是跟自己的生命紧密联系在一起的。**"子子孙孙"就是生命延续的一种方式**。只要没有断子绝孙，他的生命就会从有限走向无限。

反过来讲，"子子孙孙"对于其祖先的生命也时时刻刻保持着某种感知，要经常祭拜，要慎终追远，要修家谱，要对得起列祖列宗。同时，更以祖先为荣。屈原写《离骚》，开篇就讲：

帝高阳之苗裔兮。

——《离骚》

大意是，他是古帝高阳氏的子孙，他的身上流着祖先高贵的血，怎么能做下三烂的事？可见，在他的意识里，他的生命跟祖先的生命是连通的。

《左传》里记载了晋国执政大臣范宣子对这个问题的思考。公元前549年春天，鲁国大夫叔孙豹出使晋国，范宣子热情接待。席间，范宣子问：叔孙先生，难得您这样的大贤光临，我有个问题想请教。

古人有言曰："死而不朽"，何谓也？

——《左传·襄公二十四年》

"我听说，古人认为，人可以'死而不朽'，就是表面上看这个人的形体已经死了，但实际他并没有朽，他的生命转化为不同的形式，继续鲜活地存在着。这应当怎样理解呢？您能给我讲讲吗？"

叔孙豹有点没反应过来："这个……"

自虞以上为陶唐氏，在夏为御龙氏，在商为豕韦氏，在周为唐杜氏，晋主夏盟为范氏。

——《左传·襄公二十四年》

范宣子接着说：您看是不是这个意思？拿我来说，我的老祖先在虞舜以前被封于陶唐，被称陶唐氏，传了若干代；传到夏代，我的这支祖先叫作御龙氏，传了若干代；传到商代，叫作豕韦氏，又传了若干代；传到周代，叫作唐杜氏，又传了若干代；最后，其中一支到了晋国，被封在范地，成了范氏，传到我这里。

《谷园讲通鉴》第174回讲过古人姓氏问题，有"氏其官"的，有"氏其事"的，等等，所以，范宣子祖上在不同时期为不同的"氏"。

范宣子问：像我的祖先这样上千年来，子子孙孙代代传承，是不是就是所谓的"死而不朽"呢？

叔孙豹这会儿听明白了，他一摇头：

此之谓世禄，非不朽也。

————《左传·襄公二十四年》

叔孙豹说：您说的这个，确实也是一种生命延续的方式，类似于薪火相传，一个生命燃烧掉了，然后这个火种留下，又在子孙的生命上燃烧起来，这样代代相传，血脉相连，生命绵延，这个火种经久不息。不过，这还称不起"不朽"，而只能叫作"世禄"，就是子子孙孙世世代代都赊受祖先的遗泽、福分。

那么，什么是"不朽"呢？

豹闻之："大上有立德，其次有立功，其次有立言。"虽久不废，此之谓不朽。

————《左传·襄公二十四年》

一个人如果能在生前立德、立功、立言，等死后，他的德行能继续感召人，他的功业能继续造福人，他的言论思想能继续启迪人，而且代代不绝，世世代代的人都能继续受益，那么，他的生命就能永远活在人们心中，就一直是鲜活生动的。这就是"不朽"。

立德、立功、立言，这就是中华文化中著名的"三不朽"。

"三不朽"与"世禄"一起构成了中国古人对于生命的最根本、最主流的思考和认识。我们的古人认为：一个人不只是活在当下，身后他的生命还将以"世禄"的形式不断延续，如果能立德、立功、立言，甚至可以永垂不朽。生命的大头其实是在身后的。孟子所谓：

所过者化，所存者神。

——《孟子·尽心上》

所有生前的经历都将转化成一种精神性的东西被保存下来，继续存在于世。

所以，中国古人对于身后事格外关心，对于身后的历史评价也格外关心，进而对修史格外关心。

有个说法是"**孔子作《春秋》，而乱臣贼子惧**"。意思是，孔子编订《春秋》，修的是此前二百多年的历史，结果跟他同时代的那帮乱臣贼子们竟然都害怕了。为什么呢？因为孔子修史微言大义，要对那段历史中的人们作出评判——某某做了什么事，做得好，利国利民，要褒扬，要歌颂他；某某做了什么事，做得坏，害国害民，要贬斥，要批评他。然后，这部史书是要流传后世的。

于是，书中被歌颂的人将一直被歌颂，几十年，几百年，几千年，都被歌颂，流芳百世；同样，被骂的人就得被骂几十年，几百年，几千年，遗臭万年。那帮乱臣贼子们看到这个情况，当然就害怕自己将来也被写在史书里遗臭万年。

在这方面，中国古人还有一个更早的发明——谥号。像黄帝、尧、舜、禹，据说都是谥号，可见这个发明起源之早。后面的，像晋文公、楚成王、赵武灵王、秦始皇、汉武帝、汉灵帝，等等，都是谥号。**谥号，就是一个人——一般是君主，也有大臣——去世的时候，人们会根据他一生的所作所为，作一个定论式的评价，结合着一套固定的谥法把这个评价浓缩为一两个字。**《白虎通》讲，谥号一般是在这个人临下葬时才宣布的。

赵武灵王宣扬胡服骑射，富国强兵，北击林胡等游牧民族，是一个非常了不起的君主，梁启超甚至称赞他是仅次于黄帝的史上第二号伟人。他谥号里这个"武"字就是表彰他在这方面的作为。而"灵"是什么意思呢？

《谥法》曰：乱而不损曰灵。

——《后汉书注》

意思就是，乱来，把国家治理得乱套了，但还不至于亡国。因为赵武灵王后期娶了吴孟姚，吴孟姚给他生了一个小儿子，他很喜欢，便废掉大儿子，改立小儿子做太子、又做国君。他自己做主父，类似太上皇。后来，他又感觉对不起大儿子。结果，大儿子发动政变失败，他自己也被饿死。

总之，赵武灵王的人生下半场很糟糕，所以他的谥号里还有这个"灵"字。要是没有这个"灵"字，只叫"赵武王"，那多体面。这样，两千年过去，还得背着这个恶名，多可惜。

关于这个"灵"字谥号，《左传》里有一段楚成王的相关记载，好像跟《白虎通》里讲的不太一样，"楚成王"这个谥号不是下葬时才定的，而是在他临咽气时定下的。

谥之曰"灵"，不瞑；曰"成"，乃瞑。

——《左传·文公元年》

意思是，一开始，在场的人宣布他的谥号为"楚灵王"，他的眼睛还睁着，不闭上，死不瞑目。这可怎么办呢？人们一商量，得了，改成

"楚成王"吧，这下他才闭了眼，瞑了目。可见那时的人对于谥号有多在意。

秦始皇那么厉害，他也怕这个。因为他焚书坑儒、修长城、修陵墓累死无数人，干了不少遭恨的事，所以他知道自己将来按照谥法来定谥号，肯定好不了。怎么办呢？他干脆就把这个传统给废除了，提前就说好，将来就叫他秦始皇，然后二世、三世……这么排号就行了。

两千年后，**到了曾国藩、左宗棠等近代人物，晚年也都惦记着自己将来能落个什么谥号**。左宗棠因为不是进士出身，担心自己的谥号里不带"文"字。曾国藩则专门给礼部官员写信，问询两个战死的弟弟的谥号情况，随后，给父亲写墓表时还专门讲，"朝廷褒恤，并予美谥"，给两个弟弟的谥号都不错，黄泉之下的老父亲应当稍感安慰了。

总之，中国古人对于身后名、身后事非常在意。这种生命观、人生观，不但印度人没有，西方人也没有。法国皇帝路易十五有句名言：**"我死后，哪管它洪水滔天。"**意思是，等我死了，后世的人们歌颂我也罢，骂我也罢，跟我一点儿关系也没有。

连法国皇帝都是这样的观念，真要出来一个法国的"孔子"作"春秋"，他们的乱臣贼子肯定也不会当回事的——一死百了，你爱怎么写我就怎么写我吧。既然没人当回事，这件事自然也就没人做了。所以，西方无史。而**中国古人最当回事，最在意身后名、身后事，所以修史就是非常重要的事**。这就是"为什么我们会有这么多史书？"这个问题的答案。

进一步讲，为什么中国古人那么在意身后名、身后事，而西方人、印度人不那么在意身后名、身后事呢？前面说过，这是一个人生观的问题，是一个怎样看待生命、怎样看待死亡的问题。说到底，这是一个信仰问题。

什么是信仰？我在《谷园讲通鉴》第128回讲刘向《列女传》伯姬的故事时已经讲过。

伯姬是宋恭公的嫡妻，每天待在家里，大门不出二门不迈，严格遵行礼法。有一天夜里，突然着火了，手下婢女们赶紧拉着她要往外跑，没想到伯姬一甩袖子：撒手！

> 妇人之义，保傅不俱，夜不下堂，待保傅来也。
>
> ——《列女传·伯姬》

"按照妇道礼法，这大半夜的，我必须在有保母、傅母陪同的情况下才能出门。我得等她俩。"

婢女们都急哭了，说什么伯姬也不听。所幸的是，等了一会儿，那个保母急匆匆地跑来了，拉着伯姬：夫人，咱们快跑吧，这房子马上就得烧塌了，再晚就走不了了。

伯姬竟然还不动：你们快走，别管我，虽然保母来了，但傅母还没到，我还是不能走，不能违背礼法。

> 越义求生，不如守义而死。
>
> ——《列女传·伯姬》

"我宁可烧死也要恪守礼义！"

最终，伯姬就被烧死了。

对此，刘向引用了《谷梁传》的说法，称赞她道：

以为妇人以贞为行者也。伯姬之妇道尽矣。

——《列女传·伯姬》

今天我们读到这个故事，可能第一反应是愤怒，这分明是男权社会对女性的压榨，是在宣扬杀人于千载之下的腐朽荒唐的封建礼教。不过，换一个角度理解，这个故事其实是在歌颂古人对信仰的执着。

什么是信仰？相信有一种价值高于生命，比生命重要，活着就是为了去完成它，去践行它，这就是信仰。

我认为，信仰的本质在于人对生死的理解，以及基于这种理解的价值判断。拿伯姬来讲，她相信"越义求生，不如守义而死"，这就是她对生死的理解，就是她的价值判断。她坚信，义是高于生命的，生命的目的就是实现义，于是面对关键抉择，毅然"舍生取义"。

在一个现代人看来，这好像说得有点大了，那我们再举一个例子，看看文天祥的舍生取义。

南宋危亡之际，本来被罢官在家的文天祥挺身而出，散尽家财召集兵马，抗击元军。打了三年，兵败被俘。元朝逼他给固守崖山的南宋将士写招降信，他断然拒绝，并写下了千古名句，**"人生自古谁无死，留取丹心照汗青。"** 随后，南宋在崖山海战后彻底灭亡。这时，元世祖忽必烈亲自出面劝降，许以高官厚禄，而文天祥

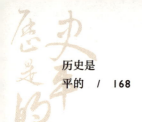

大义凛然，唯求一死，从容就义。《宋史》记：

> 数日，其妻欧阳氏收其尸，面如生，年四十七。其衣带中有赞
> 曰："孔曰成仁，孟曰取义，惟其义尽，所以仁至。读圣贤书，所
> 学何事，而今而后，庶几无愧。"
>
> ——《宋史·文天祥传》

孔曰成仁，孟曰取义。我文天祥杀身成仁，舍生取义，无愧于
古代圣贤的经史教育，我相信，我死后，我的一片丹心会被中国历
史所铭记。

这就是文天祥对生死的理解，就是他的价值判断。

再看《钢铁是怎样炼成的》主人公保尔·柯察金的那段名言：

> 人最宝贵的东西是生命，生命对每个人来说只有一次。人的一
> 生应当这样度过：当他回首往事时，不因虚度年华而悔恨，也不因
> 碌碌无为而羞愧。在他临死的时候，能够说，我把整个生命和全部
> 精力都献给了最壮丽的事业——为人类的解放而奋斗。

这也是对生命和死亡的理解，也是价值判断——为人类的解放
而贡献一生是生命价值、生命意义的最大实现。

由此，我们也可以这样来理解：**信仰的本质就是给生命赋予意
义**。一个人如果认为生命没有意义，人生只是一个过程，然后一死
百了，就是没有信仰。相反，一个人认为生命有意义，活着是为了
完成一个更高的价值，进而可能死而不朽，就是有信仰。

而对于一个个体生命来讲，那个更高的价值必然来自生命的整

体。这一点，我在十八九岁时就想明白了，并在拙作《人生四书》开篇便讲过。一只蚂蚁的生命有什么意义？它的意义只能存在于它与蚂蚁这个物种之间的关系。衡量它的生命价值，只能看它给整个物种的生存与发展发挥了怎样的作用。人也一样，一个人的生命价值，在于他对于整个人类的生存与发展作出了怎样的贡献。《周易》所谓：

天地之大德曰生。

——《周易·系辞下》

是否有利于人类整体的生存与发展是所有价值评判的基本准则。

当然，这对于不同个体有程度之别，但这种性质方向是一样的。简单讲，一个人的生命价值、生命意义在于利他，也就是儒家强调的"仁"。孔子讲：

道二：仁与不仁而已矣。

——《孟子·离娄上》

意思是，这个世界上只有两种人：一种人相信利他，追求生命的意义；另一种人只活在当下，不相信生命有意义，只追求个人的快乐，不利他。前者就是有信仰的人，后者就是没有信仰的人。这是一个基本的价值评判准则。

孔子的《春秋》和整个二十四史记载了无数的人物和事件，都是以这个基本的价值评判准则为主旨的，都是褒扬前者、贬斥后者。有微言大义的，也有直接明说的，像《史记》里的"太史公曰"和《资治通鉴》里的"臣光曰"就是直接明说，按照这个基本的价值评判准则进行褒贬。

中国史书以无数次这样的价值评判，给一代又一代读史的人们以潜移默化的影响，使其建立起这种价值认同，进而成为一个有信仰的人。这就是中国历史构建信仰的方式。而中国人普遍注重家庭、家族，具有集体主义、爱国主义精神，从而具有心怀天下的情怀，其实都是基于这种信仰的。

当然，关于信仰，这中间也有类似鬼神的元素，不过，鬼神只是构建信仰的手段，而非目的。这方面的情况下节再说。

天人合一的奥妙

上节讲，中国历史构建的信仰，本质是对生命和死亡的理解，相信人死后可以有"世禄"，也可以因立德、立功、立言而不朽，而立德、立功、立言都是基于利他的，生命因利他而有意义。**评判一个人有没有信仰，就是看他是否相信和追求这种生命意义。**

所谓本质，就相当于一个果实的核。比如，枣的核很硬，如果仅有枣核，那还不能称其为一个完整的枣，也不会有人吃。或者说，所谓本质，就相当于一间毛坯房，必须装修好了，人才愿意住进去。所以，中国历史所构建的信仰，在上述"本质"之外，还有一套能与人互动、使人参与进来的理念。这些理念可以总结为一幅图：

信仰三层次

从左往右，为三个层次：天人合一、阴阳五行、天地君亲师。这三个层次一起构建起中国古人信仰的理念框架，也是中国古代思想哲学的主要框架。它们深深地影响着孔子和二十四史的作者们，以至于在他们修订的史书里处处渗透，又用无数的"历史事实"来不断印证它们，最终使它们成为天经地义的"真理"。

这里讲的"历史事实"和"真理"都是带着引号的，因为它们都基于主观的感受和判断。而信仰的特点就在于主观，它存在于人的精神世界，是人的精神世界的核心。而精神世界是唯有人类才有的。小狗小猫有精神世界吗？它们有情绪，很难讲它们有精神世界。**精神世界是人与动物的区别所在。信仰，可以说是人性与动物性的区别所在。**

作为精神世界的核心，信仰是不证自明的。你相信它是事实，它就是你的事实；相信它是真理，它就是你的真理。前面讲过电影《黑客帝国》和《异次元骇客》所呈现的问题，我们真切感受的一切，万事万物，目之所见与触手可及的所有东西，都未必是客观存在的。所谓的"客观""事实""真理"，都是基于人的主观感受和主观判断的，正如王阳明所谓的"心外无物，心外无理"。这里要讲的天人合一、阴阳五行、天地君亲师，也都是基本于人的主观感受和主观判断的。

我们可以大致想象一下，最古老的先民们感受这些东西的过程。

首先，他们面对的最主要的问题是，怎么生存？他们得观察自身所处的环境：得看看天，天上有日月星辰，风雨雷电；再看看地，地上有山川河流，有动物，可以捕猎，有植物，可以摘野果子吃。进入农耕时代后，仍然是靠天吃饭，庄稼靠天生地长。最后，必然得出一个认识，即**对生存最重要的莫过于天和地**。

同时，先民们还会感受到天分为白天和黑天，有日出、日落，有阴、晴，有冷、热，地有高、低，树有大、小，兽有强、弱，万事万物都有两面。怎样描述这个"两面"呢？阴、阳。

再进一步感受，天地之间，万物既有阴阳之分，又有形态质地之别，归纳起来，要么是金的，要么是木的，要么是水的，要么是火的，要么是土的。

最多的感受来自人。身边有各种各样的人，有亲人，有友人，有敌人，有共同求生存的人，也有来抢饭吃的人。人是生存的关键。

经过了无数先人的感受、体察、思考、认同，无数的历史经验，**"天、地、阴、阳、金、木、水、火、土、人"被反复强调**，被不断以各种形式记录到了"诗""书""礼""易""春秋"等古代经典和各种历史文献中，最后，**由西汉董仲舒归纳为"十端"，成为一个完整的信仰框架，相信人所面对的所有问题都可以在这个信仰框架里进行探讨。**

天人合一就是对这个信仰框架的概括，准确来讲是，天地、阴阳、五行（金、木、水、火、土）与人的合一、统一。

"天人合一"的"天"有着丰富的内涵。

第一，它是大自然之天，天空、天象之"天"。

第二，它是天地宇宙，是人之外的所有一切，是人的所有外部条件。

第三，它是天道，是阴阳五行所体现的基本规律，是道。

第四，以上几种内涵合在一起，又使得天具备了一种至高无上的权威，它无所不包，无所不能，无所不受其支配，进而被人格化，成为万物主宰。

"天人合一"就是，人与这几层不同内涵的天的统一关系。

比如，《周易》讲：

天行健，君子以自强不息。

——《周易·乾》

地势坤，君子以厚德载物。

——《周易·坤》

这里的"天"，首先是指大自然之天，天上的日月星辰亘古不变地运行着，呈现出一种阳刚之道，所以，这个"天"也有道的内涵，是一种天道——天的不同内涵经常是混在一起的。这里的"地"，首先也是指大自然之地，大地宽厚博大，承载万物，呈现出一种阴的包容性，这也是一种道，地道，也是天道，天包含着地。人应当效法天地，像天道一样自强不息，像地道一样厚德载物。这种天与人对应、呼应的统一关系，即是一种"天人合一"。

《道德经》里讲：

人法地，地法天，天法道，道法自然。

——《道德经》第二十五章

也是讲这种统一关系的"天人合一"。

古人特别信奉的星占术也是基于这种"天人合一"的理解，认为天上的星宿跟人间的社会是一一对应、呼应的，如果星宿的运行出现了一些状况，相应的人间社会也会出现一些状况。这方面，史书里的记载格外多，最常见的是关于日食、月食的，而最著名的则是"荧惑守心"。

所谓"荧惑"其实是指火星，"心"是指心宿，包括心宿一、心宿二、心宿三三颗星。其中心宿二最大、最亮，表示天王；心宿一和心宿三表示太子和庶子。荧惑守心，大致就是火星运行到心宿的区域，与心宿二相遇，表示荧惑与天上的天王合到了一起。相应地，地上的帝王也就不好了，这是个大凶兆。当时的纬书《春秋文耀钩》说："荧惑守心，海内哭。"出现这种星象，预示着海内之人都得哭。另一部纬书《春秋说题辞》则更明确地说："荧惑守心，主死，天下大溃。"预示着帝王君主会死掉。

秦始皇就是一个例子。《史记·秦始皇本纪》载："三十六年，荧惑守心。"就是说，秦始皇在位的第三十六年，也就是公元前211年，出现了"荧惑守心"，而且发生了很多奇异之事，包括天上掉下陨石，陨石上刻着字"始皇帝死而地分"；还有一天夜里，有个使者从外地回来，被一个神秘人截住，塞给一个玉璧，说："今年祖龙死。"使者把这个玉璧拿回来，秦始皇找人鉴定，竟然是他八年前祭水神沉到江底的那块玉璧。转过年来，秦始皇就死在了巡游的路上，不久便"天下大溃"。

不过，也有不准的例子。《史记·宋微子世家》记载，公元前

480年出现过"荧惑守心"，"**荧惑守心。心，宋之分野也。**"当时认为心宿对应着宋国，宋景公便很害怕，他问专门负责天文星象的司星子韦：怎样禳解？

子韦答：

可移于相。

——《史记·宋微子世家》

可以把灾难转移到丞相身上，让丞相担了，他死了，您就没事了。

宋景公说：

相，吾之股肱。

——《史记·宋微子世家》

丞相就是我的胳膊和大腿。要是胳膊和大腿没了，那活着还有什么意义。你再想想还有别的办法吗？

子韦答：

可移于民。

——《史记·宋微子世家》

可以让老百姓们来顶这个雷，让他们遭罪，您就没事了。

宋景公说：

君者待民。

——《史记·宋微子世家》

老百姓是君主的依靠。要是依靠没了，我也就完了。还有别的办法吗?

子韦答:

可移于岁。

——《史记·宋微子世家》

可以让这个年景来承担，让畜禽动物、庄稼植物等生灵们来顶这个雷，您就没事了。

宋景公长叹一声:

岁饥民困，吾谁为君!

——《史记·宋微子世家》

这样的话，老百姓们还是要遭罪，我不能当这样的君主。看来这就是我的命，不管了，由它去吧。

这时，子韦的脸上竟然露出了笑容。

宋景公一撇嘴:哎，你怎么还有心情笑啊?

子韦立马跪地磕头:恭喜您!

天高听卑。君有君人之言三，荧惑宜有动。

——《史记·宋微子世家》

上天虽然高远，但他能听到人间最细微的声音。就凭您刚才这三句爱人、爱民的话，凭您的这颗善心，足以感动上天，让荧惑离开心宿，这个天象会改变的。

随后，果然，荧惑向外移了三度。

果徙三度。

——《史记·宋微子世家》

最终，宋景公又过了将近三十年才去世。

公元前7年二月的一天夜里再次出现"荧惑守心"，汉成帝大惊，也是问人怎么禳解。得到的答复也类似于"可移于相"。

言大臣宜当之。

——《汉书·翟方进传》

汉成帝没有宋景公的善心，立马召见丞相翟方进，翟方进随即自杀。不过，这似乎并不管用，没过多久汉成帝便去世了。

另外，《谷园讲通鉴》第132回在讲刘向的星占术时，还提到过曾国藩写于咸丰十一年（1861）农历七月三十的一段日记：

阅钦天监奏折，知八月初一日日月及水火土木四星俱在张宿五、六、八、九度之内，金星在轸，亦尚在三十度之内，可谓日月合璧，五星联珠，祥瑞也。

——《曾国藩日记》

这里提到的"钦天监"是清朝专门观测天象预言吉凶的机构，在此前的历代都有这样的机构，包括司马迁和张衡，他们作为太史令，都是在类似这样的机构中工作的。

曾国藩此时作为两江总督，可以看到加密级别非常高的文件，

包括这篇钦天监写于当年五月的奏折，其中预测三个月后的八月初
一，日、月和金、木、水、火、土五大行星将共同组成一个所谓
"日月合璧、五星联珠"的天象，并且判定这是一个祥瑞，要有好
事发生了。

　　那么，他们判定得准不准呢？确实很准。写下这篇日记后的
第二天，正是八月初一，曾国藩的嫡系部队在他九弟曾国荃的率领
下，成功攻克太平天国的重镇安庆。此前，湘军和太平军已在安庆
相持了两年多，几乎是湘军打得最难的一仗。当天，曾国藩给曾国
荃的信里，激动不已地说：

　　接喜信，知本日卯刻克复安庆。是时恰值日月合璧、五星联
珠。钦天监于五月具奏，以为非常祥瑞。今皖城按时应验，国家中
兴，庶有冀乎！

——《曾国藩家书》

　　总之，这种天上星宿的运行状况跟人间社会的对应、呼应关
系，不论是否科学，中国古人都是深信不疑的。

　　在此基础上，又发展出了灾异思想，就是除了相信星宿状况可
以呼应人间社会之外，古人还相信，大自然中的各种异常状况——
地震、洪水、大旱、山崩、久阴不雨，甚至一只小鸟孵出了一只大
鸟，一株麦子多秀出了几个穗等所谓的灾和异，都跟人间社会存在
对应、呼应的关系。因为大自然、天地宇宙都是天，星宿的状况是
天象，这些灾异的状况也是"天象"。这方面的记载，史书里也有
很多，特别是在董仲舒之后。

　　董仲舒是个里程碑式的人物，"天人合一"的理念虽由来久远，却是经过他的梳理，才基本定型。进而经过他与汉武帝对策，提出"天人三策"，推进"罢黜百家，独尊儒术"，使这套理念广泛深入人心。

　　不过，单就"灾异"来讲，董仲舒的实操能力似乎并不强，《谷园讲通鉴》第134回讲过他的一段故事。当时刘邦的两处宗庙着了大火，董仲舒便就此"灾异"分析一番，写成了一篇奏折，准备呈给汉武帝。正好主父偃来看他，看到了这篇奏折后，大为折服，羡慕感油然而生，临走时就把这篇奏折偷了出来，然后交给了汉武帝，说：皇上，您看看吧，今天我看到董仲舒鬼鬼祟祟地写这个东西，就给偷了出来，仔细看了看，感觉他这个思想有问题，好像不怀好意。

　　前面说过，汉武帝为人暴躁，杀大臣像割韭菜似的，翻脸不认人，他立即瞪起了眼，可是以他的学问，看这东西还是比较费劲的，于是派人把董仲舒的学生吕步舒叫来了。

　　汉武帝说：来，你看看这篇文章写得怎么样？

　　吕步舒不知道是自己老师写的，接过奏折看了半天，又偷瞄了一下汉武帝生气的表情，答：微臣以为这篇文章逻辑不通，这人准是个蒙事的。

　　汉武帝大怒，随后差点要了董仲舒的命。

　　仲舒遂不敢复言灾异。

——《汉书·董仲舒传》

他就再也不敢讲灾异的事了。

不过，他的再传弟子眭孟在这方面却有很好的表现，通过泰山上有大石头兀自立起来、上林苑里有枯树重生等灾异，预言将有布衣平民做天子。随后，真就出了一个"平民天子"汉宣帝。还有，夏侯胜由天气久阴不雨，预言将有犯上作乱的，随后，便有了霍光废立皇帝之事。

再后面的京房也是一个里程碑式的人物，是易学宗师，也精于灾异方面。

《易经》本是一部关于占筮的工具书。占筮，就是以蓍草按一定步骤操作，随机得出某种卦象。而《易经》经部的内容大致就是对六十四种卦象的说明，占筮者以此判定吉凶。类似地，商周时期还有龟卜，大致是通过烧灼龟甲，然后通过查看龟甲裂纹的方向判定吉凶。

不论是用蓍草来占，还是用龟甲来卜，它们都是先呈现出一种随机的象，要么是卦象，要么是龟甲裂开的象，实质也都是一种所谓的"天象"，只不过呈现的方式不一样，跟星宿的变化、灾异的变化实质一样，只不过有着大小、显晦之别。进一步讲，所谓的面相、手相、骨相、风水，其实也都是这样一种"天象"。古人相信，这种种"天象"都与人、事有对应、呼应的关系。

进一步讲，在古人认识的这种天人关系中，很明显，人是从属于天的。《黄帝四经》所谓：

顺天者昌，逆天者亡。

——《黄帝四经·十大经·姓争》

那么，怎样才能顺天，而不逆天呢？由此，天道的理念便凸显了出来。

天道，就是天的行进方式和路径。对于天道，人要观察、思索、体悟、把握，要努力使自身的行进方式和路径与之契合，即要争取人道与天道相统一，这是天人合一的另一种统一关系。

那么，天道是怎样的呢？古人经过无数代的观察、思索、体悟，最终把阴阳转化和五行生克作为描述天道的一种模型。《谷园讲通鉴》第133回和第134回专门分析过阴阳五行思想的起源与发展情况，在此不细述，关键点无非几段经典文献资料：

一是，《道德经》讲的：

道生一，一生二，二生三，三生万物。万物负阴而抱阳，冲气以为和。

——《道德经》第四十二章

二是，《周易·系辞上》讲的：

一阴一阳之谓道。

——《周易·系辞上》

三是，《尚书·周书·洪范》讲的：

五行：一曰水，二曰火，三曰木，四曰金，五曰土。水曰润下，火曰炎上，木曰曲直，金曰从革，土爰稼穑。润下作咸，炎上作苦，曲直作酸，从革作辛，稼穑作甘。

——《尚书·周书·洪范》

四是，董仲舒讲的：

五行者，五官也，比相生而间相胜也。

——《春秋繁露·五行相生》

综合以上所述，加之农业文明的靠天吃饭，天道不断被强化，最终，天便被人格化了，成了主宰人和万物的"上帝"。

不过，有意思的是，从史料文字来看，不是"天"成了"上帝"，而是"上帝"逐渐成了"天"。什么意思呢？我们可以看看最早的史料——"五经"。

一般认为，传世的"五经"包括《诗经》《尚书》《礼记》《周易》《春秋》，都是经过孔子修订的，也就是说，"五经"至少都成书于春秋时期以前，里面大量提到了人格化的"天"。仅在《诗经》三百篇里，就有约六十篇提到了"天"，特别是"雅"和"颂"里提到"天"的频率很高。同时，还有二十多处明确提到了"上帝"，如：

上帝甚蹈。

——《诗经·小雅·菀柳》

上帝板板。

——《诗经·大雅·板》

上帝不宁。

——《诗经·大雅·生民》

克配上帝。

——《诗经·大雅·文王》

昭事上帝。

——《诗经·大雅·大明》

《尚书》里也有好多处明确提到了"上帝"，《礼记》《周易》里也都提到了"上帝"。

那么，在"五经"中同时被提到的"上帝"和人格化的"天"之间有着怎样的关系呢？是一回事吗？还不是一回事，它们之间大致像皇帝和朝廷的关系，"天"是主宰万物的人格化的组织，类似"天庭"；"上帝"是"天庭"的领导者。这大致是春秋时期以前的中国人对于"上帝"和人格化的"天"的认识。

到了秦代，"上帝"的概念逐渐向"天"合并。

到了汉代，董仲舒进一步明确"天人合一"体系，提出：

天者，百神之君也。

——《春秋繁露·效义》

这时，"上帝"的概念便完全被合并到了"天"的概念里面，"上帝"成了"天"，变成一回事了。

后来，到了明代，西方传教士利玛窦把中国经典研究了一番，他又找到了"上帝"这个词，便拿来翻译了拉丁文的Deus，也就是英文的God。如今，利玛窦的这个翻译被广为熟知，深入人心，以至于我们一看到"上帝"就以为是基督教的概念。其实不然，"上帝"本来是我们的，是本土的概念，"上帝"本来就是"天"，"天"本来就是"上帝"。

讲到这里，大家应当很容易理解，这个与"上帝"是一回事的人格化的"天"，同样也是我们中国原始宗教的核心概念。而政治跟宗教又是孪生兄弟，很自然地，中国古代统治者便通过自称"天子"，自称"受命于天"，把天作为非常重要的政治资源抓在了手里。

具体地，古代统治者是怎样把"天"这个资源抓在手里的呢？主要就是通过领导和组织祭祀活动，所以，《左传·成公十三年》讲：

国之大事，在祀与戎。

——《左传·成公十三年》

除了战争，祭祀是国家的头等大事。

国家祭祀的本质是推动建立并掌控老百姓的信仰。《论语》里有段著名的对话：

子贡问孔子：政治的要素有什么？

孔子指出，有三样：足食、足兵、民信之。

子贡问：如果只能保留一样，应当是什么呢？

孔子讲：可以没有兵，没有军队，也可以没有食，没饭吃，但必须做到"民信之"。

民无信不立。

——《论语·颜渊》

一般学者都把这解释成，要让老百姓信任政府。朱熹也这样解释。这也没错。不过，我认为，这里的"信"更应当解释为"信仰"。如果人民没有信仰，这个国家是绝对立不住的。整段对话可以理解为：一个国家的发展，必须做好三方面工作，即富国、强兵、人民信仰，而人民信仰尤为重要。

《周易·涣》中也是讲这个问题：

风行水上，涣。先王以享于帝立庙。

——《周易·涣》

涣是涣散的意思，民众本是一盘散沙，怎样把他们凝聚起来呢？要设立宗庙，要祭祀"上帝"，要用信仰来凝聚民心。

中国古代的国家的祭祀内容与形式都有一个长期发展的过程，最终，**相对定型的是五大祭祀，分别是：祭天、祭地、祭前代君王、祭祖、祭孔**。历代的统治者基本上都牢牢抓住这五大国家祭祀，定时、定期毕恭毕敬地举行，史书的记载也都历历在目。而五大祭祀的对象——天、地、君、亲、师，便逐渐稳定为整个中华民族普遍的信仰对象。直到今天，仍然有很多地方很多家庭，在家里中堂供奉"天地君亲师"的牌位。

在"天地君亲师"中，君、亲、师都是人，可见这是一个基于人生实践的信仰框架。天人合一与阴阳五行都是理念层面的，而天地君亲师是实践层面的。

"天"在人生实践的层面主要指天命。所谓"安身立命"，天是关于立命的。中国古人相信人生的成败在很大程度上取决于天命，《论语》所谓：

死生有命，富贵在天。

——《论语·颜渊》

生死富贵都由天命决定。

"地"是关于安身的。农耕文明，民以食为天，土中刨食，食从土地中来，古人常说的"江山社稷"，"社"就是土地神，"稷"就是五谷神。中国人的安土重迁、乡土观念，都是从这种对土地的崇拜而来的。

"君"即忠君，是讲个人与国家的关系。一个人活着，就要忠于国家，要卫国。

"亲"即孝亲，是讲个人与家庭、家族的关系。一个人活着，就要为家人而努力，要保家。

"师"即尊师重道，是讲个人与民族文化的关系。一个人活着，就要遵从文化传统，要守道、传道。这也体现着中国人对于学习的高度重视。

很明显，中国古人的这套信仰跟西方的宗教信仰是不一样的，在"天地君亲师"的信仰框架里，虽然"天"是最高的，但是除了天，还有地，还有君、亲、师，这种信仰是多元的。而且，君、亲、师都是人。人可以跟天、地相提并论，体现着中国古人高度的人本主义、人文主义精神，是真正的以人为本。

《道德经》所谓：

故道大，天大，地大，人亦大。域中有四大，而人居其一焉。

——《道德经》第二十五章

《三字经》所谓：

三才者，天地人。

——《三字经》

"三才"思想出自《易经》，八卦符号的三爻即对应天、地、人。

《中庸》甚至讲：

能尽人之性，则能尽物之性；能尽物之性，则可以赞天地之化育；可以赞天地之化育，则可以与天地参矣……与天地参，谓与天地并立为三也。

——《中庸》

这些都是在讲，人是可以跟天地并立的。中国古人的信仰，说到底，仍如上节所述，本质是对生命的理解和对人生价值的判断，那些神秘化的、祭祀之类的都只是形式，只是构建信仰的手段。

曾国藩讲过一句话：

若作人不苟，办事不错，百姓赖之，远近服之，则神必鉴之佑之！胜于烧香酬愿多矣。

——《曾国藩批牍》

《道德经》所谓：

天道无亲，常与善人。

——《道德经》第七十九章

《周易》所谓：

积善之家，必有余庆；积不善之家，必有余殃。

——《周易·坤》

《谷园讲通鉴》里也提到过，王政君的祖父王贺为人善良，别人做绣衣直指（汉代官名，即绣衣御史）都杀人如麻，他做绣衣直指则与人为善，能放人一条生路就放人一条生路。结果被汉武帝免官，王贺却不后悔，说：

吾闻活千人有封子孙，吾所活者万余人，后世其兴乎！

——《汉书·元后传》

结果，到了孙女王政君，真就崛起了，做了汉元帝刘奭的皇后，重孙甚至还做了皇帝。

东汉开国功臣邓禹也说过：

吾将百万之众，未尝妄杀一人，其后世必有兴者。

——《后汉书·皇后纪上》

随后，他孙女邓绥也做了皇后，而且非常贤明。

还有，西汉名臣于定国的父亲在基层做了一辈子法官，执法公平。老爷子曾说：

> 我治狱多阴德，未尝有所冤，子孙必有兴者。

——《汉书·于定国传》

随后，儿子真就做到了宰相，孙子也是位列三公。

史书里这样的故事比比皆是。它们都是在讲什么呢？其实都是在讲"三不朽"中的"立德"，这才是中国人信仰的根本。

司马迁的天命观

前面讲过，中国古人信仰的根本在于对"三不朽"的追求，相信人是为他人、为家国、为天下而活的，努力做到立德、立功、立言，就能够超越有限的生命，实现永恒不朽的价值。在此基础上又逐渐形成天人合一、阴阳五行、天地君亲师等信仰框架。而中国历代史书则通过记载无数相关的"事实"，来印证、佐证这套信仰，进而对一代代读史者产生深刻的影响。

那么，我作为一个长期读史者，是否由此构建起了类似的信仰呢？或者说得难听一点，我会被这些理念引导吗？

作为一个颇有独立思考能力且具有批判思维的人，我是不太容易被这些理念引导的。然而，这根本不是是否会被引导的问题，这些关于信仰的理念，在我读史书之前，好像就已经存在于我的精神世界了。

比如，每次看体育比赛，中国选手得了冠军，升国旗、奏国歌的时候，我就非常激动，敬佩感和自豪感油然而生。央视《感动中国》里那些献身于社会、献身于国家的动人事迹，都让我感动得热泪盈眶。这是从小接受爱国主义、集体主义教育的结果吗？应当不完全是，我认为，是这些信仰的理念已经深深融入了中华民族的文化中，融入了每一个中国人的血液里。所以，这些理念，大多数我是相信的。

我相信阴阳，凡事物皆有阴阳，阴阳在不断转化。我也相信，**人生是为他人而活的**。

我问过很多人：你为什么活着？

他们都回答：为了孩子，为了父母，当然也为了自己。有为别人，也有为自己，这也是阴阳。

我相信，人之所以不同于动物，就在于在吃喝等生理欲望之上具备更高的东西，而"天地君亲师"便涵盖了这些更高的东西。"师"就是要尊重老师，热爱学习，尊重文化、文明的规范；"亲"就是要孝敬父母，关爱家人，尽到为人子、为人父、为人夫的责任；"君"就是忠于国家——民国之后，很多人把"君"改为"国"，"天地君亲师"成了"天地国亲师"，其实忠君与忠于国家在古人看来本就是一回事。

"地"是安身。在农耕文明中，土地是财富和各种生活资料的来源，是人赖以生存的物质方面的基础。

"天"是立命。天是人赖以生存的精神方面的基础。精神世界的问题很难琢磨，很多困扰人的问题很难解决，而这个天则是克服精神世界的困难与挑战的一把简便易用的万能钥匙。天对一切精神世界的问题都给出了终极的答案。

什么意思呢？比如，有一次我在火车上，听到坐在身边的小姑娘不停地抽鼻子。我一个大男人，也不好意思看人家，就以为她是感冒了，过了好一阵子，才发现她是在默默流泪，在抽泣。我赶紧问："怎么了小姑娘，有什么需要我帮忙的吗？"小姑娘哭着说，她是四川大学的博士生，昨天晚上突然接到父亲的电话，她唯一的哥哥出车祸去世了，她这是回家奔丧。

这时，换作你，你能怎样安慰她呢？没法安慰。同胞兄妹，一起生活了二十几年，一下子这个人就没了，而且父母双亲都已年迈，哥哥还撇下了一双小儿女。这个小姑娘未来的人生，肯定比她之前想象的要压力陡增。怎么办？没办法，这是无解的，只能"认命"。这就是她的命，是她哥哥和这个家庭中所有人的命——所谓六亲命相连，这是谁都不能自己主宰的。她只有接受这个命运，才能解决这个精神世界的问题，才能迈过精神上、心理上的这道坎。

我当然不能这样生硬地跟她讲，而是跟她讲了，我的母亲去世时也只有62岁，从那以后，我只要是听到哪个地方的人们平均寿命达到了七十几岁、八十几岁，心里就感觉被扎了一下；出去旅游，看到一帮老太太兴高采烈地说笑着合影，心里也会被扎一下。怎么办？没办法，只有认命，这是我母亲的命，也是我的命，也是我父亲、我妹妹的命。

我想，这是唯一能稍稍安慰遭遇此类问题的人的说法吧。如果按佛教的"因果报应"来解释，肯定没人能接受。

不过，类似"因果报应"的观念其实也是中国本土文化中由来已久的，也是中国古人的一种信仰，它有着"事前"劝人向善的积极影响，但在"事后"有时也会带给人精神世界的困扰。因为绝大多数人都坚信自己和自己的亲人是这个世界上最好的人，当他们遭遇了不幸时，不禁要问：不是说，好人有好报吗？不是说，"积善之家必有余庆"吗？怎么会这样呢？

司马迁一片好心，帮李陵求了下情，就遭了宫刑，这不是好人得恶报吗？怎么回事呢？就这个问题，司马迁边思考边写《史记》，在《史记·伯夷列传》里写下一大段话：

> 或曰："天道无亲，常与善人。"若伯夷、叔齐，可谓善人者非邪？积仁洁行如此而饿死！
>
> ——《史记·伯夷列传》

意思是，《道德经》不是说"天道无亲，常与善人"吗？可是，像伯夷、叔齐这样的大善人，怎么就让他们饿死了呢？另外，颜回作为孔子最欣赏的学生，也是善人，怎么只活了三四十岁就死了呢？

> 盗跖日杀不辜，肝人之肉，暴戾恣睢，聚党数千人横行天下，竟以寿终。
>
> ——《史记·伯夷列传》

而那个大恶人盗跖滥杀无辜，吃人心肝，坏事做绝，却能活到高寿，得以善终。这是为什么？这岂不成了"好人不长命，祸害遗千年"吗？而且，看看身边，那么多人不讲节操，不讲底线，各种钻营，结果一辈子过得也很好。

操行不轨，专犯忌讳，而终身逸乐，富厚累世不绝。

——《史记·伯夷列传》

而好多讲节操、讲底线、有追求的人，就像我司马迁这样的，却总是倒霉。

余甚惑焉，傥所谓天道，是邪非邪？

——《史记·伯夷列传》

我太困惑了！倘若真有"天道"，难道"天道"就是这样的吗？怎么办呢？唉，由他去吧！

注意，司马迁在说完这句"余甚惑焉，傥所谓天道，是邪非邪？"，并进行完这番批判的思考之后，他紧接着说了这样一句话：

子曰："道不同不相为谋"，亦各从其志也。

——《史记·伯夷列传》

大意是，如果"天道"真是这样的话，那么我就干脆不再费劲地琢磨"这个天道"如何了，我将按照自己相信的"那个天道"去活了。就像孔子讲的，"如不可求，从吾所好"。我心中所好的"那个天道"，就如孔子所谓：

"岁寒，然后知松柏之后凋"。举世混浊，清士乃见。

——《史记·伯夷列传》

正因为举世混浊，那么多坏人成功，那么多好人失败，而我仍然坚持做一个好人，就像孔子"知其不可而为之"，才显得尤为可贵。不成功，我认！付出代价，遭受屈辱，我认！我相信，只要我坚持践行心中的"那个天道"，我所承受的这一切痛苦终将使我从举世混浊中脱颖而出，使我能传名后世，生命不朽。

然而，传名后世哪有那么容易。

伯夷、叔齐虽贤，得夫子而名益彰。颜渊虽笃学，附骥尾而行益显。

——《史记·伯夷列传》

伯夷、叔齐、颜渊固然都有节操，都是坚持践行其所相信的"那个天道"的人，可是，如果没有孔子对他们的称颂赞扬，他们也未必能传名后世。我司马迁该怎么办呢？

随后，司马迁又在写给朋友的信里讲：

古者富贵而名摩灭，不可胜记，唯倜傥非常之人称焉。

——司马迁《报任安书》

仆诚以著此书，藏之名山，传之其人，通邑大都，则仆偿前辱之责，虽万被戮，岂有悔哉！

——司马迁《报任安书》

仍然是在讲这个意思，他要坚持自己相信的"那个天道"，争取实现生命不朽。

那么，真正的天道究竟如何？司马迁身处其中，当局者迷，所以最后留下一个疑问——我司马迁该怎么办呢？而我们作为后世的旁观者，从更长期、更广阔的历史维度，可以清楚地看到，司马迁所相信的"那个天道"就是真正的天道。那些坏人虽然生前过得不错，可是身后要么身与名俱灭，要么遗臭万年，而司马迁等"好人"则享万世美名。他生前的遭遇和困惑，也印证了孟子对天道的论述：

> 故天将降大任于是人也，必先苦其心志，劳其筋骨，饿其体肤，空乏其身，行拂乱其所为，所以动心忍性，曾益其所不能。
>
> ——《孟子·告子下》

意思是，人生中那些痛苦的遭遇，常常是上天指引人、成就人的方式。

这也体现着一种阴阳。老子所谓：

> 天之道，损有余而补不足。
>
> ——《道德经》第七十七章

就是说，上天要给人万世声名，必然同时给人痛苦。不可能只给好，不给坏；也不可能只给坏，不给好。

读到这里，大家感觉有问题吗？如果没有问题，说明大家认可这个观念：上天决定着人的命运。不论是司马迁对天道的困惑，还是孟子讲的"天将降大任于是人也"，都包含着这个观念，这是中国古人最普遍的对于个人命运的理解，是把"天人合一"的理念落实到人生实践的基本观念，也就是所谓的"天命观"。

怎么理解呢？我画了一幅图：

乐天知命图

这里面有三个关键字：天、道、命。

最上面是天。天的内涵，前面已详细讲解。

然后是道。道就是道路，就是从哪儿来、到哪儿去。天地万物各有其道，天有天道，地有地道，人有人道，鸡有鸡道，猫有猫道，山川有山川之道，草木有草木之道，等等，最终都统一于天道，受制于天道。

天道、人道都是宏观的、普遍的、无限的，具体落实到某一个人身上，就是这个人的命。一个人从哪儿来、到哪儿去，这是他的命。道的主要表现为阴阳，《周易》所谓，"一阴一阳之谓道"。所以，一个人的命也分阴阳。阴为宿命，阳为使命。

什么是一个人的使命呢？如前述，主要是"世禄"和"三不朽"。世禄，说白了就是生儿育女，繁衍子孙，传承生命。三不朽，就是以利他之心，行利他之事业，努力为家国乃至人类的生存与发展作出贡献，做到立德，或者立功，或者立言，实现生命的不朽。

历代先贤都怀有强烈的使命感，尤其孔子。《论语》记：

> 子畏于匡。曰："文王既没，文不在兹乎？天之将丧斯文也，后死者不得与于斯文也；天之未丧斯文也，匡人其如予何？"

——《论语·子罕》

意思是，孔子周游列国，一路上遇到过不少艰难险阻。有一次，被困在匡地，匡人要害孔子性命，情况很危急。孔子虽然紧张，但在心底坚信自己一定会化险为夷，不会死。为什么？就是因为他有强烈的使命感。他相信，在周文王之后，中华文明传承的重任就落到了他的身上，如果他死了，这个文明就传不下去了。而上天一定不会让这个文明断掉，所以，他肯定不会有事。"匡人其如予何"即匡人肯定不能拿我怎样。

还有一次，在宋国，有个叫桓魋的人要加害孔子。学生们得到消息，都吓坏了，但孔子很沉着冷静。

> 子曰：天生德于予，桓魋其如予何？

——《论语·述而》

孔子说：我是带着上天赋予的使命的，那个桓魋怎么能害得了我呢？

当然，孔子不会因为有这种使命感，就不躲避桓魋了，那就成"傻子"了，也就无所谓"天生德于予"了。《诗经》所谓：

永言配命，自求多福。

——《诗经·大雅·文王》

即便天命在我，也要自己努力、主动作为，不能等着天上掉馅饼。

按《论语》所记，孔子身上这种强烈的使命感给了世人很深的印象。有一次，孔子经过仪地，当地有个小官"封人"前来拜访。正好孔子不在，这位仪封人先见到了他的学生们，便在一起聊了聊。学生们发牢骚：我们的老师这么贤良，却一直得不到哪个国君的重用，整天周游列国，漂泊不定。

然后，孔子回来了，请仪封人到屋里谈。具体两人谈了什么，《论语》中没有记载，只是说，仪封人跟孔子谈完，从屋里出来，对学生们讲：各位，你们不必为老师得不到哪国的重用而抱怨。

天下之无道也久矣，天将以夫子为木铎。

——《论语·八佾》

上天不是让你们的老师在哪个诸侯国当大官的，而是把你们的老师当作他的一只木铎（类似大铃铛），上天是要拿这个大铃铛来昭示天道、传布天道，引导这个无道的天下恢复到天道上来的。这才是你们老师的使命。

那么，什么是宿命呢？这个好理解。《谷园讲通鉴》讲过《史记》记载的项羽之死、韩信之死、刘邦之死。项羽临死前，说的是：

此天之亡我，非战之罪也。

——《史记·项羽本纪》

这是上天让我项羽灭亡的，不是我打仗不行。因为我从起兵以来打过七十多场仗，从未败过，我怎么会到今天这个地步呢？这只能说是上天注定，是我的宿命。你们要是不相信，就跟我再打一个冲锋看看。

说完，项羽带着手下仅剩的二十八个骑兵又朝汉军突阵，杀进杀出，所向披靡。手下都服了：确实是天之亡我，不是我们霸王打仗不行。

刘邦之所以能打败项羽，很大程度上是靠韩信。韩信曾说，刘邦带兵最多能带十万，而他自己带兵则多多益善，上不封顶，越多越好。而且韩信非常年轻，比刘邦小二十多岁，比项羽还小一岁，真正是不世出的英雄。可他最后竟然是在刘邦不在的情况下，被吕后骗进皇宫杀死的。临死时，韩信说的是：

吾悔不用蒯通之计，乃为儿女子所诈，岂非天哉！

——《史记·淮阴侯列传》

当初我要是听了蒯通的话，背弃刘邦，可能早就称霸天下了，怎么还至于被吕后杀害，只能说这是天命注定，是我的宿命。

再说刘邦。他带病去打黥布，中了箭伤，病情加重，生命垂危，吕后请来一位名医为其诊治。名医望闻问切一番，说还能治，吕后等人立马喜形于色。而刘邦则像回光返照似的，精神了起来，十分严肃地说：

吾以布衣提三尺剑取天下，此非天命乎？命乃在天，虽扁鹊
何益！

——《史记·高祖本纪》

我本是个布衣百姓，要什么没什么，只有手中一把三尺宝剑，只用了短短几年时间就打下了天下。这是靠什么？只能是靠一样东西，就是天命！是上天让我有此成就的，我的生死都是上天注定的，都是宿命，就是扁鹊来了，也不能左右，不用治了！

遂不使治病，赐金五十斤罢之。

——《史记·高祖本纪》

没治。然后就死了。

这就是司马迁笔下三位英雄对宿命的理解，他们把人生中不得不面对的悲剧或者失败都归于天命。

《左传》里还写了另一种角度的理解，是把人生中的成功归于天命。说的是春秋时期的晋国大夫介之推，他追随、辅佐在外流亡了十九年的晋国公子重耳坐上了国君之位，也就是晋文公。然后，晋文公对于此前追随、辅佐他的大夫们一一赏赐：谢谢各位，没有你们，就没有今天的我，你们都立了大功。

别的大夫都欣然接受了赏赐，唯独介之推不接受，他说：

窃人之财，犹谓之盗，况贪天之功以为己力乎？

——《左传·僖公二十四年》

意思是，晋文公之所以能在流亡十九年后成为国君，靠的是天

命。要说有功劳，那也是上天有功劳，这些大夫们只是尽各自的本分而已，哪有什么功劳。没功劳，却非说有功劳，把上天的功劳说成自己的，那跟偷人钱财有什么不同呢？

介之推坚决不接受这个赏赐，后来干脆躲到了一座大山里。晋文公找不到他很着急，就想了一个很愚蠢的办法，派人放火烧山，想把他逼出来。结果，介之推宁可被烧死，也不肯就范。晋文公很痛心，下令每年在介之推被烧死的这一天，全国百姓都不许点火。于是，这一天逐渐成为一个节日——寒食节。这在古代是很重要的一个节日，与端午节是为了纪念屈原一样，就是为了纪念介之推，表达古人对他这种不贪天功的信念的推崇。

总之，这种把成功归之于天命的理解，也是一种宿命论。所谓，谋事在人，成事在天。

在这些中国古人的信仰背后，都有着深刻的理性主义精神。《论语》讲：

> 子不语怪，力，乱，神。

> ——《论语·述而》

孔子是不讲鬼神的。但他也不反对人们讲鬼神。《谷园讲通鉴》第90回曾就这个问题展开分析过，孔子曾说：

> 鬼神之为德，其盛矣乎！视之而弗见，听之而弗闻，体物而不可遗。使天下之人，齐明盛服，以承祭祀。洋洋乎！如在其上，如在其左右。

> ——《中庸》

就是说，孔子认为，"神道设教"是必要的，鬼神是一种教化人心的很有效的手段。

对于很多人来讲，跟他讲信仰，讲天道人理，不如讲个鬼故事，吓他一下。为什么作为《四库全书》总纂官的纪晓岚，竟然写了一部跟《聊斋》一样尽是鬼神故事的《阅微草堂笔记》呢？道理似乎就在这儿。阅微之"微"或在于此。所谓"道化贤良释化愚"也是这个意思，对于有更高认知能力的贤良之人是不必讲鬼神的。

司马迁写《封禅书》，把迷信鬼神的汉武帝一辈子寻找鬼神的事细细检查一遍，最终是一点儿真事儿也没有。他在《封禅书》的最后说：

> 自古以来用事于鬼神者，具见其表里。后有君子，得以览焉。
>
> ——《史记·封禅书》

希望后世之人以史为鉴，通过这篇《封禅书》，了解鬼神的真相。真相就是没有鬼神。

《左传》里还有一句名言：

> 国将兴，听于民；将亡，听于神。
>
> ——《左传·庄公三十二年》

迷信鬼神是要亡国败家的。要兴国，必须听人民的。

《尚书》则讲：

> 天视自我民视，天听自我民听。
>
> ——《尚书·泰誓》

这个意思就是，中国古人在国家层面所信仰的天，说到底是人民。归根到底，一切为了人民，为了家国、天下，这是古人信仰的本质。

贤良之人，不用拿鬼神吓唬他，照样时时心怀敬畏。《周易》这样讲震卦的卦象：

洊雷，震。君子以恐惧修省。

——《周易·震》

天上轰隆隆打雷，让人有恐惧之感，这没什么不好的，这种畏惧感、敬畏感有利于君子的修身内省。

敬畏什么？敬畏三样东西。

孔子曰："君子有三畏：畏天命，畏大人，畏圣人之言。"

——《论语·季氏》

首先是"畏天命"。

顺天者昌，逆天者亡。

——《黄帝四经·十大经·姓争》

天网恢恢，疏而不失。

——《道德经》第七十三章

你没地方逃、没地方躲，不敬畏行吗？

然后，"畏大人"，可以理解为敬畏法律。所谓，王法如炉，人心似铁。绝不能违反法律，违反了法律的后果很严重。

最后，"畏圣人之言"，就是要敬畏圣人的告诫。正所谓，不听老人言，吃亏在眼前。

"敬畏"两字分开讲：畏是被动的，敬是主动的。孔子讲：

修己以敬。

——《论语·宪问》

关于这个"敬"字之意，可参看拙作《人生四书》，在此不再细述。

总之，**关于信仰，很大程度上也可以理解为敬畏之心。**

|怎样让内心保持恬静愉悦|

    《论语》凝结了孔子一生的思想智慧，而最后压卷的一段话是：

    子曰："不知命，无以为君子也。不知礼，无以立也。不知言，无以知人也。"

——《论语·尧曰》

    "知命"是第一位的，"不知命"就不能成为君子。不过，孔子也说过，他自己是：

    五十而知天命。

——《论语·为政》

    我们姑且从字面上理解，"知天命"与"知命"是一个意思，那么，圣人到五十岁才能做到"知命"，普通人是不是这辈子都不能"知命"呢？这倒未必，后人站在圣人肩膀上吃现成的，理应早一点有所感悟。

    曾国藩三十岁时曾寄给弟弟们一首小诗：

我今寄好语，君其听勿藐！一愿先知命，再愿耐摒摽。

——《曾国藩家书》（道光二十年十二月初一寄弟）

弟弟们当时都还不到二十岁，他就劝他们得先"知命"。然而，他四十九岁时写的日记中，却有这么一段：

思人心所以扰扰不定者，只为不知命。陶渊明、白香山、苏子瞻所以受用者，只为知命。吾涉世数十年，而有时犹起计较之心，若信命不及者，深可愧也。

——《曾国藩日记》（咸丰九年三月廿七日）

就是说，虽然他很早就有"知命"的意识，但二十年过去了，真正"知命"的功夫仍然不到家，所以内心总还是"扰扰不定"，也就是患得患失。

"人心所以扰扰不定者，只为不知命"与乔布斯五十岁时在演讲中说的"提醒自己终将死去，是跳出患得患失的最好办法"简直就是隔空对话。

曾国藩认为，正因为陶渊明、白居易、苏轼真正做到了"知命"，所以他们的诗文才有那样的高度。

曾国藩四十九岁时写的日记中还提到过他特别欣赏清初的张英、张廷玉父子：

读张文端公《聪训斋语》、文和公《怀澄园语》。此老学问，亦以知命为第一义。

——《曾国藩日记》（咸丰九年四月十五日）

他读这对宰相父子的家训，认为他们的身世学问之所以能达到那样的高度，也是因为他们"知命"。"以知命为第一义"就是把"知命"作为格物、致知、诚意、正心、修家、齐家、治国、平天下的前提和总纲。

曾国藩五十岁时写的日记里，又有一段：

目蒙殊甚，此心大不安贴，营营扰扰，无乐天知命之意，自愧自恨。

——《曾国藩日记》（咸丰十年三月初二日）

曾国藩五十二岁时写的一段日记：

阅王而农所注《张子正蒙》，于尽性知命之旨，略有所会。盖尽其所可知者于己，性也；听其不可知者于天，命也。《系辞》尺蠖之屈八句，尽性也；过此以往四句，知命也。农夫之服田力穑，勤者有秋，惰者歉收，性也；为稼汤世，终归焦烂，命也。爱人、治人、礼人，性也；爱之而不亲，治之而不治，礼之而不答，命也。圣人之不可及处，在尽性以至于命。尽性犹下学之事，至于命则上达矣。当尽性之时，功力已至十分，而效验或有应有不应，圣人于此淡然泊然，若知之若不知之，若着力若不着力，此中消息最难体验。若于性分当尽之事，百倍其功以赴之，而俟命之学，则以淡如泊如为宗。庶几其近道乎！

——《曾国藩日记》（同治元年十月初十）

曾国藩写这段对于"尽性知命"的理解时，肯定很激动，最后说"庶几其近道乎"，真有点儿"朝闻道，夕死可矣"的感觉——

请记住这个"尽性知命"。

曾国藩五十四岁时写给九弟曾国荃一封信。当时，曾国荃围攻太平天国的天京城（金陵）已近三年，眼看着要坚持不住了。而左宗棠、李鸿章打得都很顺，他们的作战任务都已基本完成，只等着曾国荃这边的结果了。曾国荃很焦躁，急病了，曾国藩写信相劝：

> 事事落人后着，不必追悔，不必怨人，此等处总须守定畏天知命四字。金陵之克，亦本朝之大勋，千古之大名，全凭天意主张，岂尽关乎人力？天于大名，吝之惜之，千磨百折，艰难拂乱而后予之。老氏所谓"不敢为天下先"者，即不敢居第一等大名之意。……只可畏天知命，不可怨天尤人。所以养身却病在此，所以持盈保泰亦在此。千嘱千嘱。
>
> ——《曾国藩家书》（同治三年四月廿日致沅弟）

曾国藩五十九岁时在保定做直隶总督，有一天，收到儿子曾纪泽从金陵寄来的信，信中说纪泽的小女儿死了，纪泽夫妇都特别难过，纪泽的妻子天天哭。曾国藩回信宽慰：

> 接尔正月二十七日信，知三孙女乾秀殇亡，殊为感恼，知尔夫妇尤伤怀也。然吾观儿女多少成否，丝毫皆有前定，绝非人力所可强求。故君子之道，以知命为第一要务，不知命无以为君子也。
>
> ——《曾国藩家书》同治八年二月十八日家书谕儿纪泽

还是这一年，七月十八日的日记里，曾国藩又记下一段感悟：

> 以后每日当从"乐天知命"四字上用功，治事则日有恒课，治

心则纯任天命，两者兼图，终吾之身而已。

——《曾国藩日记》（同治八年七月十八日）

曾国藩六十一岁时，在给学者俞樾的信中，又引用了苏轼的一句诗：

知命无忧子何病，见贤不荐谁当耻。

——苏轼《送任伋通判黄州兼寄其兄孜》

引述了那么多孔子和曾国藩讲过的"知命"，那么，到底怎样理解呢？

我的理解就在我画的那幅"乐天知命图"上。这幅图的重点就是"命"，道分阴阳，命也分阴阳，宿命为阴，使命为阳。**一个人能努力地完成使命，同时又能安于宿命，就可谓"知命"**。这是中国古人实践信仰的关键。

怎样完成使命？有三大要素：一是率性；二是固执；三是仁义。

先说，何谓率性？"率性"出自《中庸》开篇头一句：

天命之谓性，率性之谓道，修道之谓教。

——《中庸》

大意是，每个人来到这个世界上，都带着"天命"——天赋予的使命。李白所谓"天生我材必有用"，既然上天让我来，肯定有我的用处。那么，我的用处、使命到底是什么呢？上天也没说啊，怎样才能知道呢？《中庸》这句话就告诉我们，每个人的"天命"、天赋使命都在他的"性"里面。这个"性"，是中国古代思想的大元素。儒家有所谓"性命之学""心性之学"。这个"性"约有三层含义：天性、人性、个性。

食色，性也。

——《孟子·告子上》

这个"性"就是天性。人类要生存发展，不能违背天性，不吃饭就会饿死。正所谓，逆天者亡，对于天性，必须顺应，但不能过于发扬。因为，食色之天性与动物并无二致。孟子所谓：

人之所以异于禽兽者几希。

——《孟子·离娄下》

从天性来讲，人跟动物没有什么差别。人和动物的差别在于什么呢？在于天性之上，人还有人性。

孟子把人性总结为"四端"，也可以说是"四心"，即恻隐之心、羞恶之心、辞让之心、是非之心。他说：

无恻隐之心，非人也；无羞恶之心，非人也；无辞让之心，非人也；无是非之心，非人也。

——《孟子·公孙丑上》

谁要是没有这"四心"，就是没有人性，非人也。这"四心"分别对应仁、义、礼、智。

恻隐之心，仁之端也；羞恶之心，义之端也；辞让之心，礼之端也；是非之心，智之端也。

——《孟子·公孙丑上》

"端"就是发端、开端、起点的意思。一个人的恻隐之心，即同情心，是仁的发端、起点；羞恶之心，即荣辱观，是义的发端、起点；辞让之心，分长幼，讲礼貌，守规矩，是礼的发端、起点；是非之心，能判断对错，是智的发端、起点。孟子讲：

凡有四端于我者，知皆扩而充之矣，若火之始然，泉之始达。苟能充之，足以保四海；苟不充之，不足以事父母。

——《孟子·公孙丑上》

只要人们都把这四种心，把仁、义、礼、智从发端、起点不断扩充发展起来，也就是把人性不断培养、强化、发扬起来，就可以星火燎原，足以保四海，实现人类的美好愿景；反之，如果一个人不发展这四心、四端，不培养人性，就只能活成一个动物，连最起码的孝敬、奉养父母都做不到。

除了天性、人性之外，一个人先天具备的还有个性。世界上没有两片完全相同的树叶，也没有两个完全相同的人。有句话叫，一娘生百般。即便是亲兄弟，甚至双胞胎，家庭、教育等都一样，他们也会成长为不同的人。这是因为他们先天的个性不同。正因为每个人的个性不同，所以喜好不同，面对人生中的各种选择时所作出的抉择也不同，最终便走出了不同的人生之路，做成了不同的事业，完成了不同的使命。

所谓率性，就是要顺应天性，培养人性，发展个性。

　　顺应天性，活着，并且生儿育女，延续生命，这是完成使命。

　　培养人性，做一个超越了动物性的有信仰的人，这也是完成使命。

　　发展个性，做一个特立独行的有信仰的人，成就某一方面的事业，为国家甚至人类的发展尽到一份力，让世界因你而不同，这更是完成使命。

　　对于"第一个使命"，现在似乎有不少青年都不能完成，或不想完成，不想结婚生子。如果这样的人越来越多，将不利于人类社会持续健康发展。

　　对于"第二个使命"，可能也有很多人不以为然——既为人，自然有人性，何须培养？其实，我们可以细想一下，自己平日所做的多少事情是受着动物天性欲望驱使的，又有多少事情不是受这种动物天性欲望驱使的。孟子讲得很痛切：

　　　人之所以异于禽兽者几希，庶民去之，君子存之。

　　　　　　　　　　　　　　　　　　　——《孟子·离娄下》

　　有些人其实抛弃了人异于禽兽的那一点儿东西。《谷园讲通鉴》第142回讲过冯友兰的"人生四境界"，其中最低的是"自然境界"，就是完全受动物天性欲望驱使的状态；然后，"功利境界"也是这种境界的延伸。多数人都是活在这两种境界里的，多可悲！

　　"第三个使命"是每个人独特的使命。我认为这是最重要的。完成这个独特的使命，需要发展个性。怎样发展个性？具体到每个人的个性是什么？这不好回答，但非常重要。据说，古希腊有座著名的神庙，门口镌刻着一道神谕："认识你自己。"大哲学家苏格拉底也格外强调这句话："认识你自己。"我是谁？我从哪里来？我要到哪里去？这是哲学的基本问题。老子也讲：

知人者智，自知者明。

——《道德经》第三十三章

认识自己，比认识别人更重要，也更高明。

那么，怎样认识自己？怎样发现并发展自己的个性呢？我认为有三句话可以仔细琢磨。

第一句，是乔布斯讲的："倾听内心的声音。"也就是说，你真正想要的是什么？

第二句，是孔子讲的：

知之者不如好之者，好之者不如乐之者。

——《论语·雍也》

你喜欢什么，爱好什么，以什么为乐，你的个性也就在这里面了。当然了，如果只是基于动物性的欲望，那意义不大，需要的是高级一点儿的。

第三句，是句老话：**三岁看老**。

比如孔子，《史记》记：

孔子为儿嬉戏，常陈俎豆，设礼容。

——《史记·孔子世家》

他小的时候跟小朋友们玩儿"过家家",玩儿的就是礼乐祭祀之类的,这就是他的"天命之谓性",天生就是做这个事情的,随后他的一生都为了构建中国人的礼乐教化,构建中国人的信仰而努力。

《谷园讲通鉴》第82回还讲过,西汉著名的法学家张汤小时候审老鼠的故事。那时,他父亲做县丞,常带他到县衙玩。小张汤耳濡目染,对县衙审案印象很深。有一次,父亲出去办事,母亲也没在家,父亲嘱咐他:你可要把家看好了,别让猫、狗之类的动物糟践了东西。

小张汤答应完,便兀自玩耍,光瞅着猫、狗了,却没注意一只大老鼠从洞里出来叼走了家里的一块腊肉。

他父亲回来一看,就把小张汤批评了一番:你个小兔崽子,连个家也看不好,那块肉准是让老鼠偷去了,咱们过年吃什么?

小张汤就恨上了老鼠,暗自咬牙:我掘地三尺也要把你这只臭老鼠找出来!

转过天,他父亲又出去了,只有他自己在家,他便立即开始搜捕老鼠,最后还真把老鼠给逮着了,那块肉也找着了,让老鼠吃了一半,还剩下一半。

如果是别的孩子,一般会把老鼠打死,出出气。但小张汤不一样,他要先走一遭"司法程序",完全按照县衙里审案的样子,把老鼠捆好,把罪证——那块肉放在老鼠旁边,他自己坐在桌子后面,一拍惊堂木:带罪犯老鼠上堂!说,你是怎么偷了张汤家的腊肉的,快快从实招来。如若不招,大刑伺候……

然后，下去拿筷子把老鼠打了一顿。继续审。他还把审讯过程，"口供"之类的都记了下来，把向上级的案情汇报材料也写好了。最后又一拍惊堂木：罪犯老鼠听着，人证物证口供俱在，你罪大恶极，本官判你死刑，立即执行！拉出去砍了！

然后，他才拿刀把老鼠给剁了。

随后，他父亲回家看到那只被"执行死刑"的老鼠，再一看小张汤写的那些审案材料，大惊失色。

视其文辞如老狱吏。

——《史记·酷吏列传》

简直就跟老狱吏、老法官写得一样，太老练、太到位了。而小张汤当时不过十来岁。

于是，他父亲看出张汤是搞司法、干刑狱的料，便着力教他这方面的东西，后来，张汤做到了汉朝司法、刑狱方面的最高官员廷尉，还被后世尊为司法行业的祖师爷。

这就是三岁看老。这也是符合现代心理学的认知的，人的个性一般在十岁之前就已经形成了。

当然，光有个性还不行，还得学习，还要立志，要确立志向。 而且，这个志向随着年龄的增长和人生境遇的变化，还得修正、调整，正所谓"修道之谓教"。然后，一般人到三四十岁时，这个志向也就稳定下来了。所谓"三十而立"，就是这个意思，志向明确、定位明确，接下来心无旁骛地去做就行了，一直做下去，就是完成使命的第二个要素：固执。**不是固执己见的"固执"，而是牢**

牢地、稳固地抓住的意思。《中庸》所谓：

择善而固执之。

——《中庸》

就像孔子评价颜回：

回之为人也，择乎中庸，得一善，则拳拳服膺而弗失之矣。

——《中庸》

也就是说，**既然这件事情对，这件事情好，是我的志向所在，是我的个性所长，那我就得固执之，一抓到底，百折不挠，不动摇、不放弃，不受外界的干扰，坚持到底。**

《谷园讲通鉴》讲过，刘邦可以说是个常败将军，好几次惨败，陷入绝境，带着几个残兵败将勉强死里逃生。但是他从未气馁，很快便重整旗鼓，卷土重来。前述人生成败经验中提到的那些历史人物，都是经过了重重考验，最终才能在青史留名。

《西游记》是最形象的一个寓言，要想修成正果，就必须经历九九八十一难。其间，唐僧有很多次都被妖怪抓了，并且差点被煮了，后面的路上不知道还有多少妖怪等着吃他，可他每次死里逃生之后，都很淡然，拍拍身上的尘土，继续上路，向西！这些就是"固执"。

完成使命的第三个要素，是仁义。这是方向，是原则。"仁"字两个"一"，表示将心比心，就是利他心，就是做正确的事。什么是正确的事？人都有良知，良知知道什么是正确的事。王阳明强调"致良知",说白了,就是人不论做什么事都得对得起良心,问心无愧。

综上所述,**率性、固执、仁义这三要素便构成了一条完成使命的道路**。

在完成使命的过程中,可能充满着苦闷和遗憾。怎么办?要安于宿命。

怎样才能安于宿命?也是三条:一是放下,二是知足,三是感恩。

关于"放下",佛教讲得最多,尤其作为本土化的最著名的佛教经典《六祖坛经》,我读它的感受就是这两个字——放下。其实,中国本土经典《淮南子》中也有类似的很高明的说法:

不解不可解。

——《淮南子·人间训》

也就是说,人生中总有一些无解的问题,让人无可奈何,如残疾或者已经铸成的错误,等等,**人要是总纠结这些,就得永远痛苦。怎么办?最好的办法就是不去想它。这不是逃避,逃避都是被动的,主动的叫作放下。**

如果实在放不下,就想一下"知足"。《谷园讲通鉴》第131回讲过"刘德知足"。刘德曾深得权臣霍光的欣赏,他的妻子死了,霍光立即表示想把自己的女儿嫁给他。

德不敢取,畏盛满也。

——《汉书·楚元王传》

刘德深受道家思想影响，害怕娶了霍光的女儿，自己太过盛满，便婉言谢绝了。《汉书》说：

德常持《老子》"知足"之计。

——《汉书·楚元王传》

刘德深谙老子关于"知足"的道理，《道德经》所谓：

知足者富。

——《道德经》第三十三章

这实在是老子智慧的精髓啊！一部《道德经》读下来，真正能体现到身上，内化于心，拿过来就能用，一用就灵的，莫过于"知足"二字。当你跟各种负面情绪纠缠不清的时候，想一想"知足"二字，立马就会生出些许幸福感、喜悦感。诗曰：**世人都说路不齐，别人骑马我骑驴，回头看看推车汉，比上不足下有余。**你肯定不是最倒霉的，比你倒霉的人还有很多，你得知足啊。这样一想，也就轻松了。

关于感恩，我个人有一种说法：生而为人，我很感恩。

一个人能放下、能知足、能感恩，就算是安于宿命了。

一个人既能够尽其在我、完成使命，又能够听其在天、安于宿命，他还会有什么困扰呢？他的内心肯定永远保持恬静愉悦，就像《周易》讲的：

乐天知命，故不忧。

——《周易·系辞上》

哲学篇

中国历史的方法论

实践是检验真理的唯一标准。我斗胆再补充一下：历史是检验真理的最终标准。历史是一个长期的实践过程。在这个过程中，要怎样运用好历史所传承的经验和构建的信仰呢？

中国古代哲学有个说法叫作"体用"，有其体必有其用。比如，中国古人相信"天人合一""阴阳五行""天地君亲师"，这是体；相信这些有什么用？怎么用？这是用的问题。

再比如，决定国运兴衰的因素有战争、多方博弈的外交政策、变法图强的国内政策，还有外儒内法的治理手段，等等，这些也都是体。怎样把它们用起来？在用的过程中，要把握怎样的原则？这也是用的问题。

还有，天下大势有治乱循环、民族融合、大一统，这些道理都已经很明显了，这是体。问题是，怎么用？还有，那些人生成败的道理，也是体。怎么用？

前述全部"历史的精髓"的总结作为一个整"体"，所对应的"用"，我认为可以用《黄帝四经》的一句话概括，即应化之道，平衡而已。

——《黄帝四经·道法》

马王堆汉墓出土的帛书原文是"应化之道，平衡而止"，著名学者陈鼓应先生将其校释为"应化之道，平衡而已"。"已"和"止"在先秦通用，都是停止的意思。按现在的语言习惯，"而已"更通顺，所以，我们还是讲"应化之道，平衡而已"。

这句话太重要了，可以说是整个黄老道家思想在操作层面的总结，或者说是整个中国古代哲学在方法论方面的总原则。前述历史经验和信仰，大致都是人生观、世界观，而"应化之道，平衡而已"是方法论。

怎么理解这个方法论呢？我把它融入了此前总结黄老道家思想所作的《黄老歌》。在做《谷园讲通鉴》的节目之前，我在埋头写一本解读黄老道家思想的书，已经写了十多万字，之所以停下来，是因为道家出于史家。老子作为柱下史，类似于史官，道家思想主要是对历史智慧的总结，《汉书》所谓：

道家者流，盖出于史官，历记成败存亡祸福古今之道。

——《汉书·艺文志》

所以，如果不讲史，上来就讲道家，怕人不信服。现在既然已经把历史的精髓都讲了，再回头讲讲道家，就比较自然了。其实，《黄老歌》只是一首打油诗：

道法自然中，阴阳互包容。反者道之动，弱者道之用。胜人先自胜，知足保长生。清静天下正，不得已用兵。无为无不为，应化在平衡。

黄老道家思想的两大经典《道德经》和《黄帝四经》，其中精髓，不出这五十个字之外。

"道法自然中"的"道法自然"即老子讲的：

人法地，地法天，天法道，道法自然。

——《道德经》第二十五章

这就是中国古人基本的信仰"天人合一"。其中，"人法地"，就是《周易·坤》中的内涵：

地势坤，君子以厚德载物。

——《周易·坤》

"地法天"，实指人法天，就是《周易·乾》中的内涵：

天行健，君子以自强不息。

——《周易·乾》

"天法道"，实指人法道，就是前述天、道、命的统一。

然后，"道法自然"，狭义地理解就是《中庸》所谓：

率性之谓道。

——《中庸》

就是说，人法地、法天、法道，"法"了一圈，都是向外的，最终，仍要向内回归内心，回到最本真、最自然的状态。正如孟子所谓：

学问之道无他，求其放心而已矣。

——《孟子·告子上》

孟子还说：

君子深造之以道，欲其自得之也。

——《孟子·离娄下》

孟子讲"道""法"，还有一句名言：

上无道揆也，下无法守也，朝不信道，工不信度，君子犯义，小人犯刑，国之所存者幸也。

——《孟子·离娄上》

意思是，国家的治理，首先要在上面有一个崇高的、统一的道的信仰；然后依据上面这个信仰，制定并完善下面具体可执行的法。上面有道的指引，下面有法的约束，这样才行。否则，人们都不信此道，不守此法，国家很难幸存。

这既是儒家的认识，也是黄老道家的认识，《黄帝四经》开篇就讲：

道生法。

——《黄帝四经·道法》

又讲：

> 案法而治则不乱。
>
> ——《黄帝四经·称》

对于道与法的关系，《谷园讲通鉴》在讲韩非子和"文景之治"时，都有过论述。韩非子作为法家的集大成者，他的思想来源主要是道家老子，他写的《解老篇》《喻老篇》对老子思想有着非常深刻、非常精彩的解读。西汉初期的"文景之治"，是公认以黄老道家为政治思想的，而在国家治理实践中又是格外强调法的。当时的廷尉张释之曾对汉文帝讲：

> 法者天子所与天下公共也。
>
> ——《史记·张释之冯唐列传》

而且，"文景之治"与之前的刘邦、吕后执政时期，在很大程度上是"汉因秦制"的，秦朝那种严刑峻法并没有多少改变。虽然中间有个"缇萦救父"的故事，汉文帝废除了一些肉刑，但在整体上，刑罚并没有明显减轻。只不过，黄老的法不同于法家的法：法家的法，背后强调人的意志，突出君主的意志；黄老的法，背后强调道的意志，是对君主意志的限制。

"道法自然中"的"中"即老子讲的"守中"：

> 多言数穷，不如守中。
>
> ——《道德经》第五章

也可以说是儒家讲的"中庸":

喜怒哀乐之未发，谓之中。

——《中庸》

中，就是"止于至善"的最安定的状态。所以，《中庸》讲：

中也者，天下之大本也。

——《中庸》

天下万事万物的生存与发展都是基于"中"的。

那么，如果以"中"为体，有其体必有其用，以何为用呢？以平衡为用。守住"中"，自然就平衡了。平衡则能守"中"。

"阴阳互包容"出自老子讲的：

道生一，一生二，二生三，三生万物。万物负阴而抱阳，冲气以为和。

——《道德经》第四十二章

"万物负阴而抱阳"就是说，万物皆分阴阳，万物皆有阴阳。皆分阴阳是一分为二，皆有阴阳是合二为一。对此，太极图是一种很形象的表现。

理论上讲，太极图应当是动态的，阴阳之间不断消长。你中有我，我中有你，是互相包容的，甚至就像《三十六计》讲的：

阴在阳之内，不在阳之对。太阳，太阴。

——《三十六计》

阴就是阳，阳就是阴。这就叫对立统一，或者辩证统一。

总之，《周易》所谓：

一阴一阳之谓道。

——《周易·系辞上》

阴阳是理解道、把握道，理解中国古代哲学的抓手。

《黄帝四经》讲得更加明确：

凡论必以阴阳明大义。

——《黄帝四经·称》

就是说，讨论一切问题，都要先有一个阴阳的意识，先把里面的阴阳搞清楚，这是最关键、最重要的。

"反者道之动，弱者道之用。"这是《道德经》第四十章中的原话，它跟《周易·复》中讲的"复，其见天地之心乎"是一个意思。就是说，天道的运行是循环往复的，就像日出日落，四季轮回，运行的轨迹大致是一个圆，从任何一个起点出发，最终都还会返回到这个起点。所以说，反者道之动，也可以说是，反者道之体。天道就是这样的，不断地出去又返回。这就是"道体"。

对于这个"道体"，从我们直观的感受来看，有时可能是整个圆，就像四季轮回，从春天出发，又返回到春天，就是一整个圆。有时则只能感受到半个圆，就像日出日落，早晨太阳从东方地平线升起，一点点升高，中午达到最高点，热量也最强，所谓"如日中天"，然后便一点点落下去，一点点变凉，最后消失在西方地平线，就是个半圆。

古人可能就是从太阳的这个半圆想到了"盛极必衰""物禁大盛"等人生规律、事物规律。前述李斯的人生很明显就是这样的一个半圆，各个王朝的发展也都是这样的半圆。

这是"道体"。

有其体必有其用，道之用是什么？弱者道之用。就是说，要想把握好这个"道体"，把握这种盛极必衰的规律，就得用好这个"弱"。要善于把自己保持在这个半圆的左半边，最好是左半边的左半边，不让自己到达那个如日中天的最高点，就可以避免右半边衰落的形势。

对此，《道德经》里有各种各样的说法，如"处下""上善若水"——水总是在最下面、最低处，"处众人之所恶""江海所以能为百谷王者，以其善下之""不争""不言""不自见、不自是、不自伐、不自矜""守柔、守雌、守虚、守静"等等，其实都是在讲"弱者道之用"，避免到达顶点，从而避免衰落。

"道法自然中，阴阳互包容。反者道之动，弱者道之用。"黄老道家对道的认识大致如此——道是这样的，这又是体。

体用图

　　"体用"是相对概念，就像无数个同心圆，如果圆内为体、圆外为用，那么，小圆内外的"体用"同时都是大圆内的体。那么，"道法自然中，阴阳互包容。反者道之动，弱者道之用"。作为体，对应的"用"是什么呢？我认为，这个"用"分三个层面：一是人生层面，二是国家层面，三是天下层面。

　　人生层面的道用是"胜人先自胜，知足保长生"。这是对《道德经》第三十三章的总结。

> 知人者智，自知者明。胜人者有力，自胜者强。知足者富，强行者有志。不失其所者久，死而不亡者寿。
>
> ——《道德经》第三十三章

　　中国古人对于人生的理解，精华都在这八句里面了，儒家的"三不朽"也包含在其中的"死而不亡者寿"里面。

　　"胜人先自胜"，大致就是儒家强调的内圣外王，修己才能治人，修齐治平，以修为本。

> 自天子以至庶人，壹是皆以修身为本。
>
> ——《大学》

　　"知足保长生"，其中的"知足"，上节有述，是最实用的人生智慧。"保长生"，长生久视，这是人类永恒的追求。

> 天地之大德曰生。
>
> ——《周易·系辞下》

生存与发展是人类永恒的主题。一方面，"留得青山在，不怕没柴烧"，生存下去，才有机会；另一方面，保障生命整体的薪火相传，是个体生命须完成的重要使命。

国家层面的道用是"清静天下正，不得已用兵"。这也几乎是《道德经》的原话，头一句是第四十五章讲的：

清静为天下正。

——《道德经》第四十五章

这里，虽然字面上讲"天下"，实际还是侧重于治国，强调治国要"清静"，要"正"。

"清静"即

治大国，若烹小鲜。

——《道德经》第六十章

就像煎小鱼，不能太频繁地翻腾，那样会把小鱼翻烂。国家的政策法律法规也不能朝令夕改，要尽量稳定，亦宜宽简，避免对老百姓的生产生活产生过多干扰。

"正"，《道德经》讲：

以正治国，以奇用兵，以无事取天下。

——《道德经》第五十七章

正和奇相对，"奇"是出人意料，不按常理；"正"是常规、常理、常识。

　　"清静天下正"，简单讲就是，治国的关键在于保持稳定、尊重常识。历史上的那些变法，凡是失败了的，多数都是因为没有保持稳定，过于冒进；不够尊重常识，过于理想主义。

　　"不得已用兵"即第三十一章讲的：

　　兵者不祥之器，非君子之器，不得已而用之，恬淡为上。

——《道德经》第三十一章

　　这是中国古人对战争的基本态度。我们反对战争，不到万不得已，绝不会使用武力解决问题。很明显，这是一种防御型的战争思维。这种防御型的战争思维下形成的战略目标就是《孙子兵法》所谓的：

　　不战而屈人之兵。

——《孙子兵法·谋攻》

　　要以强大的国防军事实力，对敌人形成战略威慑，从而避免战争。这跟前面讲的"国虽大，好战必亡；天下虽平，忘战必危"是一致的，互为补充。

　　天下层面的道用是"无为无不为"，也出自《道德经》：

　　道常无名，朴虽小，天下莫能臣。侯王若能守之，万物将自宾。

——《道德经》第三十二章

　　就是说，天地间自有一种无声无息的力量，使万事万物各得其所，侯王只要顺应这种力量就可以"垂拱而治"——搭拉着手便天下大治，用今天的话讲，这叫"躺赢"。曾有篇刷屏的文章《躺赢式家长》，挺有意思，也挺有道理，不管也是一种管，无为也是无不为。

那么，那种无声无息的力量是什么呢？当然是道。道是什么呢？道可道，非常道。

最后，"应化在平衡"即《黄帝四经》讲的"应化之道，平衡而已"。本书以上所讲的全部内容都是体，最终皆以平衡为用。

"一个典型的人生成败模式"讲李斯最终盛极而衰，被杀前感慨：当年做"厕所老鼠"时虽然穷，但能经常带着孩子们牵着狗去野地里追兔子玩儿，那时多快乐，多自在！那么，此前他的奋斗错了吗？当然没错。他只是错在没有在"厕所老鼠"的快乐自在和"粮仓老鼠"的荣华富贵之间做好平衡。怎样做好这种平衡呢？《道德经》讲得挺好：

> 持而盈之，不如其已。揣而锐之，不可长保。金玉满堂，莫之能守。富贵而骄，自遗其咎。功遂身退，天之道也。
>
> ——《道德经》第九章

简单讲就是，要能停下，要能藏锋，要功成身退。就像张良跟刘邦打下天下之后，便从赤松子游，什么也不管了，快乐自在。范蠡帮勾践灭了吴国之后，就带着西施退隐江湖，快乐自在。文仲不退，就死得很惨。

"怎样看待蹉跎掉的人生岁月"讲公孙弘、桓荣、苏武都是熬过了漫长的蹉跎岁月，才实现了最终的成功。杜甫和徐渭则是熬过了一辈子的艰难苦恨，才赢得了身后的万世声名。这也是一种平衡。《道德经》讲：

> 天之道，其犹张弓欤？高者抑之，下者举之；有余者损之，不足者补之。天之道，损有余而补不足。

> ——《道德经》第七十七章

天道会维持一种公平，对于一个人经历的苦难，会给予补偿，使他的失与得大致平衡。当然，这算是信仰。而信仰其实是对人性弱点和欲望的一种平衡。当你为正在经受苦难而沮丧、绝望时，信仰会给你希望和力量；当你被贪欲所裹挟时，信仰会让你作出正确的选择。

"人生怎样做到知行合一"讲司马迁、班固、范晔、刘安的人生悲剧，说到底是因为他们没有做到"知"与"行"的平衡，没有把做学问和为人处世平衡好。

"历代国家灭亡的主要原因"讲那句"国虽大，好战必亡；天下虽平，忘战必危"，正是战与不战的平衡。

"怎样在多方博弈中取胜"讲合纵连横，其目的就是制衡、平衡。

"怎样变法图强"讲楚悼王死后，吴起变法就失败了。为什么？因为此前楚悼王对变法的支持可以制衡楚国贵戚对变法的反对，楚悼王一死，平衡被打破，变法也就失败了。为什么王莽托古改制会失败？因为他太躁进了。他给地方改名，甚至连改四五次。

他没有一丝"治大国若烹小鲜""清静天下正"的意识。他调集三十万大军要攻打匈奴，天下骚动，打破了跟周边藩属国的平衡。他的王田制等一系列改革，不知循序渐进，一味教条主义、本本主义，打破了社会各阶层之间的平衡。致使新朝很快土崩瓦解。

准确地讲，王莽的新朝之败叫作"土崩"，不叫"瓦解"。《谷园讲通鉴》第86回讲过，最早是一个叫徐乐的人跟汉武帝提出了这两个词：

> 天下之患在于土崩，不在于瓦解，古今一也。
>
> ——《史记·平津侯主父列传》

老百姓都反对这个政权，都起来造反，就像秦末陈胜起义时的那个情况，就叫"土崩"。而类似"七王之乱"那种，几个军事集团反对中央政权，要搞分裂割据，就叫"瓦解"。事实证明，只要老百姓还拥护这个政权，"瓦解"就不能得逞。所以，执政者要抓住的关键在于：

> 期使天下无土崩之势而已矣。
>
> ——《史记·平津侯主父列传》

维护好老百姓，让老百姓能安居乐业，是关键。如果老百姓不安生了，那就可能引发"土崩"。

徐乐之所以讲这个，就是为了告诫汉武帝"好战必亡"，对匈奴的战争如果长期打下去，会有"土崩"而亡国的危险，而类似"七王之乱"那种"瓦解"进而亡国的可能性并不大。后来，汉武帝及时停止了战争，避免了"土崩"。不过，最终西汉还是亡了，既没"土崩"，也没"瓦解"，而是"祸起萧墙之内"，被王莽篡夺了皇权。之所以造成这个结局，说到底，可能还是因为汉武帝对于徐乐的"土崩瓦解论"的认识不够。什么意思呢？这得从刘邦说起。

班固《汉书》评价刘邦：

虽日不暇给，规摹弘远矣。

——《汉书·高帝纪下》

何谓"规摹弘远"？颜师古注解：

谓立制垂范也。

——《汉书注》

刘邦立了什么制呢？刘邦立的制度，最重要的莫过于郡县制与分封制并行的西汉版"一国两制"。刘邦吸取了周朝与秦朝制度的经验教训，创造性地把两朝制度整合在一起，形成了一种所谓"深根固本"的皇权制度。

为什么刘邦死后，吕太后那么强势，吕姓外戚那么强，尚不能篡夺皇位，到了王莽却能篡夺皇位呢？就是因为吕太后时，汉朝仍然是刘邦设计的这种制度，有其名也有其实。它使得地方诸侯能对中央朝廷有所制衡，吕家即便篡夺了皇位，也无法掌权。而到王莽时，这种制度已名存实亡，地方诸侯与中央朝廷之间的平衡早已被打破，诸侯们完全没有制衡朝廷的力量了。

这是怎么造成的呢？大致就是汉武帝的"推恩令"造成的，他为了避免类似"七王之乱"那种"瓦解"进而亡国的危险，干脆用"推恩令"把诸侯国都给化整为零了。他可能自以为很聪明——"推恩令"太好了，别人想不出，我想出了。而实际上，类似的策略早在汉文帝时，贾谊就已经提出来了：

欲天下之治安，莫若众建诸侯而少其力。

——《治安策》

这跟"推恩令"完全是一个意思。可是汉文帝并没有实行。汉文帝只是在逼死淮南王刘长之后，把淮南国一分为三，别的诸侯国都没动。而且，他明知道诸侯国可能要作乱，还把周亚夫留给汉景帝来应对这场危机，仍然没有实行这个"众建诸侯而少其力"的政策。

这是为什么？我认为，原因就在于精通黄老之术的汉文帝深知"应化之道，平衡而已"的意义。他明白，一旦把诸侯力量打掉，虽然短期来看皇权更强了，但长期来看，没有这种平衡、制衡是有巨大风险的。

汉武帝热衷儒家，缺少"平衡"的意识。东汉光武帝刘秀也喜欢黄老之术，但他很可能没有读到过《黄帝四经》。今天我们看到的这部书，是从马王堆汉墓里出土的，那个墓主人利苍跟刘邦一起打过天下，死时正是汉文帝在位时期。随后，汉成帝时，刘向、刘歆整理皇家藏书，其中还有《黄帝四经》。

然后，到王莽死时，很可能这部书就毁于战火，失传了。因为刘秀没看过这部书，所以没有认识到以诸侯力量平衡皇权的意义，致使整个东汉朝，除了光武、明、章之外，皇权几乎都被外戚和太监所控制。总之，汉武帝和光武帝都没有认识到刘邦发明的这种"一国两制"的平衡之道，所以，西汉皇权被篡，东汉皇权被欺。

汉朝还有一种"一国两制"，就是**汉宣帝所谓的"霸王道杂之"，大致就是前述的外儒内法**。汉宣帝平衡得很好，于是有了"孝宣之治"的中兴。然后，汉元帝只重儒家，打破了这种外儒内法的平衡，就造成了西汉皇权的衰亡。

当然，历史并没有这么简单。我只是想说，平衡意识在国家治理、制度设计上有多么重要。今天我们国家实行的"一国两制"、社会主义市场经济体制、"公有制为主体，多种所有制经济共同发展"、民主集中制，等等，都可以说是对"应化之道，平衡而已"这一古老方法论的成功实践。

还有，既强调依法治国，又强调以德治国；既强调物质文明，又强调精神文明，两手抓，两手都要硬；既要解放思想，又要实事求是；既要对外开放，又要独立自主，等等：这些国家治理思想也都体现着平衡的意识。而这些可能也正是西方国家所欠缺的，就像它们只有西医，而我们既有西医，又有中医。我们比它们更灵活，有更多选择，更能适应复杂的发展形势。

在中华文化中，还有很多方面的平衡，可能表现得并不明显。比如，传统文化中，很少讲爱的教育，都是讲严父，"棍棒底下出孝子"。这是因为宠爱子女是人之天性，爱是不必强调的，强调严是对这种人性的平衡。

强调孝道也是如此，人之天性都是往下疼，所以要强调孝，要往上疼，来平衡这种情感的倾向。强调礼治也是如此，统治者的天性和统治的基本逻辑是以暴制暴、以恶制恶，用刑罚暴力来管控国家，这是一个最简单、最基本的思维，而强调礼治、德治、仁政，正是对暴力思维的平衡。

中华文化中的很多讲究，包括信仰的、道德的，其实都是对人性弱点的平衡。在人生层面，身与心的平衡，事业与家庭的平衡，儒家入世与道家出世的平衡，有所为与有所不为的平衡，舍与得的平衡，爱人与自爱的平衡，等等，都是值得我们去认真体会的。

总之，不要非黑即白。在我们追求某种价值、某个目标时，即便它再美好，也要能对相反的价值、相悖的目标有所反思、有所兼顾、有所平衡。千万不要被"一"个东西限制住，包括"平衡"本身。孟子曾讲：

> 杨子取为我，拔一毛而利天下，不为也。墨子兼爱，摩顶放踵利天下，为之。子莫执中，执中为近之，执中无权，犹执一也。所恶执一者，为其贼道也，举一而废百也。
>
> ——《孟子·尽心上》

这段话里，他同时批评了三个人：第一个是杨子，凡事为我，只求利己；第二个是墨子，凡事为人，只求利他；第三个是子莫，凡事在利己与利他之间做个折中，执中。

孟子认为，子莫执中，类似于孔子的"执其两端，用其中"，相对于杨子和墨子偏执一端要更好一些。不过，"执中无权，犹执一也"，子莫被这个"中"给限制住了，只认这一条道了，不知道权衡、权变了，这也不行，这是"举一而废百"。**道是灵活的，孔子既能"用其中"，又能"执两端"，是兼顾的，是平衡的。**

孔子自己也讲过类似的话，他曾评价历史上的几位著名的"逸民"：

> 柳下惠、少连，降志辱身矣。言中伦，行中虑，其斯而已矣。
>
> ——《论语·微子》

> 虞仲、夷逸，隐居放言。身中清，废中权。我则异于是，无可无不可。
>
> ——《论语·微子》

意思是，柳下惠、少连、虞仲、夷逸他们"言中伦，行中虑""身中清，废中权"，都是做到了某个方面或者某种程度的"中"，而孔子跟他们不一样，他是"无可无不可"，怎么样都行。

孔子甚至还讲过：

> 言必信，行必果，硁硁然小人哉！
>
> ——《论语·子路》

诚实诚信这样的价值也不是固定的，也是可以权变的。**比如，**

"要盟不信"，被要挟而做的承诺，不必遵守。

总之，孔子的中庸之道，不死板，很灵活。

同样，平衡之道，也不是说秤杆两头一边齐就是平衡了。平衡的核心意义在于"平"字。

"平"是什么意思？中医讲：

无问其病，以平为期。

——《黄帝内经·素问》

还有我们"平常"讲的"平安""和平""平易近人""心平气和""治国平天下""摆平"，这里的"平"是什么意思呢？

我们先看一下"平"字最初的金文写法，是由"于"和"八"两个字组成。按《说文解字》讲，"平"是会意字，从"于"，从"八"，集合了"于"和"八"两个字的意思。

"平"（金文）

而"于"字最初的甲骨文是个象形字，表示气流受阻，但没被阻止住，越了过去。所以，"于"字的本义为逾越。"八"的甲骨文与现在的写法是一样的，也是象形字，表示散开。它们合在一起，"平"的本义就是气越过所有阻碍，散布开来。这样很舒服、很顺畅的感觉就是"平"。怎么理解呢？

"于"（甲骨文）　　　　　　　"八"（甲骨文）

往高深了讲，《道德经》所谓：

> 道生一，一生二，二生三，三生万物。万物负阴而抱阳，冲气以为和。

——《道德经》第四十二章.

"冲气以为和"的状态就是"平"，这是一种全面的无所不至的平衡，是一种系统平衡。

我在《黄老歌》里只提到了"阴阳"，没有提"五行"，因为《道德经》和《黄帝四经》里没有"五行"思想。但是，在这两部经典之后的中华文化中，"五行"向来与"阴阳"相提并论。为什么？最主要的原因是"五行"较之于"阴阳"，能更形象地表达系统平衡的思想。

　　金、木、水、火、土既表现不同的属性，又能循环相生，错综相克，还有"旺相休囚废"的关系，充分表现出了复杂系统的平衡。所以，如果不局限于黄老，《黄老歌》这句"阴阳互包容"也可以改为"阴阳和五行"。"和"也很重要，"和而不同""冲气以为和"等也是体现平衡的内涵。

　　往简单了讲，就像前面举过的一个例子，外国人喝热水，也感觉舒服，这种舒服的感觉就叫"平"。

　　往国运兴衰上讲，让各阶层、各地域的人们都能分享国家发展的成果，机会均等，就叫"平"——公平。

　　往人生成败上讲，不怨天，不尤人，尽其在我，听其在天，就叫"平"——平常心。

　　往天下大势上讲，各个文明之间越过阻碍，充分包容，就叫"平"——和平。

　　"天人合一"要在天与人"平"；"阴阳五行"要在阴阳五行"平"。较之于"和"，"平"更细腻；较之于"中"，"平"更周全；较之于"无为"，"平"更主动；较之于"空"，"平"更实在；较之于"仁"，"平"更明确；较之于"道"，"道"为体，"平"为用。

　　"平"实为中华文化最核心的价值、最根本的智慧、最高的追求，是中国古代哲学的最后总结。历史是"平"的。

　　诗人讲：前不见古人，后不见来者，念天地之悠悠，独怆然而涕下。诗人又讲：为什么我的眼里常含泪水？因为我对这土地爱得深沉。

　　何为爱得深沉？我认为，只有对她的历史深入了解，对她的文化深度自信，同时，对她的现实直面反省，对她的明天又怀有居安思危的忧患意识，这样，才会爱得深沉。所以，我的眼里常含泪水。